ALTE ABENTEUERLICHE REISEBERICHTE

Sultan Bayasid I (1354–1403). Bei ihm war Schiltberger von 1396–1403 zuerst als Kriegsgefangener.

Johannes Schiltberger

Als Sklave im Osmanischen Reich und bei den Tataren

1394–1427

Aus dem Mittelhochdeutschen übertragen und herausgegeben von Ulrich Schlemmer

Mit 49 zeitgenössischen Illustrationen und 1 Karte

Thienemann
Edition Erdmann

Die Illustrationen auf den inneren Umschlagseiten zeigen eine zeitgenössische Darstellung Jerusalems und eine neuerstellte Karte, die alle im Schiltbergerschen Reisebericht angeführten Orte und Herrschaftsgebiete enthält.

CIP-Kurztitelaufnahme der Deutschen Bibliothek

Schiltberger, Hans:
Als Sklave im Osmanischen Reich und bei den Tataren: 1394–1427 / Johannes Schiltberger.
Aus d. Mittelhochdt. übertr. u. hrsg. von Ulrich Schlemmer. – Stuttgart: Thienemann, Edition Erdmann, 1983.
(Alte abenteuerliche Reiseberichte)
Einheitssacht.: Ein wunderbarliche unnd kürtzweylige Histori, wie Schildtberger, einer auss der Stat München in Bayern, von denen Türcken gefangen, in die Heydenschafft gefüret und wider heym kommen ⟨–, dt.⟩
ISBN 3-522-60440-7

NE: Schlemmer, Ulrich [Hrsg.]

Alle Rechte vorbehalten
© 1983 Edition Erdmann in K. Thienemanns Verlag, Stuttgart
Umschlag- und Einbandgestaltung besorgten Hilda und Manfred Salemke, Karlsruhe
Gesetzt in der Garamond, elf Punkt, gedruckt auf Drewsen Werkdruckpapier 90 g/qm und gebunden in Irisleinen
Satz, Druck und Bindung: Wilhelm Röck, Weinsberg

Inhalt

Einführung
Seite 13

Schiltberger an den Leser
Seite 39

Kapitel 1
Von der Schlacht, die König Sigismund gegen die Türken schlug
Seite 41

Kapitel 2
Wie der türkische König die Gefangenen behandelte
Seite 46

Kapitel 3
Wie Bayazid ein ganzes Land auslöschte
Seite 50

Kapitel 4
Wie Bayazid gegen seinen Schwager Krieg führte und ihn dabei tötete
Seite 52

Kapitel 5
Wie Bayazid den König von Sebast vertrieb
Seite 57

Kapitel 6
Der Plan, den sich sechzig von uns Christen ausdachten
Seite 58

Kapitel 7
Wie Bayazid die Stadt Samson eroberte
Seite 61

Kapitel 8
Von Schlangen und Nattern
Seite 62

Kapitel 9
Wie die Heiden mit ihrem Vieh im Winter und im Sommer auf den Weiden bleiben
Seite 65

Kapitel 10
Wie Bayazid dem Sultan ein Land abgewann
Seite 74

Kapitel 11
Vom Sultan
Seite 76

Kapitel 12
Wie Tämerlin das Königreich Sebast gewann
Seite 77

Kapitel 13
Wie Bayazid Kleinarmenien eroberte
Seite 79

Kapitel 14
Der Krieg Tämerlins gegen den Sultan
Seite 81

Kapitel 15
Wie Tämerlin Babylon eroberte
Seite 85

Kapitel 16
Wie Tämerlin Kleinindien eroberte
Seite 87

Kapitel 17
Wie ein Fürst dem Tämerlin viele Güter entführte
Seite 91

Kapitel 18
Wie Tämerlin an die siebentausend Kinder töten ließ
Seite 93

Kapitel 19
Wie Tämerlin mit dem Großkhan Krieg führen wollte
Seite 96

Kapitel 20
Tämerlins Tod
Seite 98

Kapitel 21
Die Söhne Tämerlins
Seite 100

Kapitel 22
Wie Joseph Miraschach köpfen ließ und sein ganzes Reich eroberte
Seite 102

Kapitel 23
Wie Joseph einen König besiegte und ihn köpfte
Seite 103

Kapitel 24
Wie ich zu Abubachir kam
Seite 104

Kapitel 25
Von einem Königssohn
Seite 106

Kapitel 26
Wer nacheinander Herrscher war
Seite 112

Kapitel 27
Von einer Heidin und ihren viertausend Jungfrauen
Seite 114

Kapitel 28
In welchen Ländern ich war
Seite 116

Kapitel 29
Die Länder, die ich besucht habe, welche zwischen der Donau und dem Meer liegen
Seite 117

Kapitel 30
Von der Sperberburg: Wie sie bewacht wird
Seite 120

Kapitel 31
Wie ein armer Gesell dem Sperber wachte
Seite 121

Kapitel 32
Nochmals von der Sperberburg
Seite 123

Kapitel 33
Von dem Land, in dem die Seide wächst, von Persien und anderen Königreichen
Seite 125

Kapitel 34
Von dem großen Turm zu Babylon
Seite 129

Kapitel 35
Von der großen Tatarei
Seite 133

Kapitel 36
Die Länder der Tatarei, die ich gesehen habe
Seite 135

Kapitel 37
Wieviele Sultane es gab, während ich unter den Heiden war
Seite 138

Kapitel 38
Vom Sankt-Katharinenberg
Seite 144

Kapitel 39
Von dem dürren Baum
Seite 147

Kapitel 40
Von Jerusalem und dem Heiligen Grab
Seite 149

Kapitel 41
Von dem Brunnen im Paradies mit den vier Wassern
Seite 156

Kapitel 42
Wie in Indien der Pfeffer wächst
Seite 157

Kapitel 43
Von Alexandria
Seite 159

Kapitel 44
Von einem riesenhaften Ritter
Seite 165

Kapitel 45
Die verschiedenen Religionen der Heiden
Seite 167

Kapitel 46
Wie Mohammed und sein Glaube aufgekommen sind
Seite 168

Kapitel 47
Vom Ostertag der Heiden
Seite 176

Kapitel 48
Von einem anderen Feiertag
Seite 178

Kapitel 49
Vom Gesetz der Heiden
Seite 179

Kapitel 50
Warum Mohammed den Heiden den Wein verboten hat
Seite 181

Kapitel 51
Von einer Sekte der Heiden
Seite 183

Kapitel 52
Wie ein Christ zu einem Heiden wird
Seite 184

Kapitel 53
Was die Heiden von Christus und Maria glauben
Seite 187

Kapitel 54
Was die Heiden über die Christen sagen
Seite 189

Kapitel 55
Worin die Christen angeblich ihre Gebote nicht einhalten
Seite 191

Kapitel 56
Wann Mohammed lebte
Seite 192

Kapitel 57
Von Konstantinopel
Seite 194

Kapitel 58
Von den Griechen
Seite 197

Kapitel 59
Vom Glauben der Griechen
Seite 199

Kapitel 60
Wie die Stadt Konstantinopel gebaut wurde
Seite 204

Kapitel 61
Wie die Jassen heiraten
Seite 207

Kapitel 62
Von Armenien, seinen Städten und Sitten
Seite 209

Kapitel 63
Vom Glauben der Armenier
Seite 211

Kapitel 64
Von Sankt Gregorius
Seite 215

Kapitel 65
Von einem Lindwurm und einem Einhorn
Seite 218

Kapitel 66
Warum die Griechen und die Armenier Feinde sind
Seite 227

Kapitel 67
Durch welche Länder ich bei meiner Rückkehr aus der Heidenschaft gekommen bin
Seite 231

Anmerkungen
Seite 237

Zeittafel
Seite 251

Literaturverzeichnis
Seite 253

Einführung

Nachrichten von politischen Ereignissen, von sozialen und kulturellen Verhältnissen aus allen Ecken der Welt sind uns heute zur Selbstverständlichkeit geworden. Es ist nicht leicht, noch etwas Neues, Interessantes und Aufregendes zu bieten.

Ganz anders zu Schiltbergers Zeiten: Die meisten Menschen verließen ihren Heimatort nie, und schon die kleinste Reise konnte zum Abenteuer werden. Berichte aus fernen und fremden Ländern waren sehr viel seltener und wurden mit entsprechend großem Interesse aufgenommen. So bildeten Marco Polos Erzählung und Reiseberichte aus dem Heiligen Land eine äußerst beliebte Lektüre für ein gebildetes Publikum. Wie interessant mußte den deutschen Lesern da ein Buch erscheinen, das von fernen Ländern und Abenteuern in türkischer Gefangenschaft zu berichten versprach, das außerdem von einem Landsmann, einem Bayern, verfaßt war, der das alles selbst erlebt haben wollte. Tatsächlich war Schiltbergers Reisebuch großer Erfolg beschieden; in Augsburg erschienen z. B. kurz hintereinander drei Ausgaben davon.

Zwar war Schiltberger nicht der erste Deutsche, der Kunde aus dem Morgenland brachte, aber er war der erste, der so weit herumgekommen und so tief in die orientalische Welt eingedrungen war. Auch die besonderen Umstände, unter denen er »reiste«, nämlich als Sklave im Kriegstroß türkischer und mongolischer Könige und Heerführer, heben ihn hervor. Deshalb wurde sein Buch bald ebenso gern und oft gelesen wie die schon erwähnten Reiseberichte anderer, aber meist ausländischer Reisender.

Wir haben heute ganz andere Möglichkeiten der Informationsbeschaffung, und die Ereignisse, die Schiltberger mitteilt, sind von der Geschichtsforschung längst genau beschrieben und erklärt. Trotzdem hat ein solches Buch auch in unserer Zeit seinen besonderen Reiz noch nicht verloren. Die Authentizität des Augenzeugenberichts schafft Nähe und macht neugierig. Reizvoll für den historisch gebildeten Leser ist die – aus heutiger Sicht – Naivität, mit der Schiltberger so bedeutende Ereignisse wie die mongolischen Kriegszüge schildert. Dazu kommt die Themenvielfalt. Schiltberger erzählt ja nicht nur von Kriegserlebnissen, sondern beschreibt auch Länder und Menschen mit ihren Sitten, religiösen Gebräuchen und Mythen.

Mit Nachrichten, die seine eigene Person betreffen, ist unser Autor allerdings sehr zurückhaltend. Er gibt sich ganz als genauer, möglichst objektiver Beobachter. Selbst in Situationen, die ihn, vor allem in seinem jugendlichen Alter, eigentlich stark berühren müßten, bleibt er scheinbar unbeteiligt, sei es im

Schlachtgetümmel oder angesichts des bevorstehenden Todes. Immer rückt er die anderen ins Zentrum des Geschehens.

Über die Zeit vor seiner abenteuerlichen Gefangenschaft schweigt Schiltberger sich weitgehend aus, genauso wie über sein Leben nach der glücklichen Rückkehr in die Heimat. Die Heimat, das war offensichtlich Freising, wo er laut eigener Aussage das Licht der Welt erblickte, vermutlich um 1380. Er nennt aber auch München seine Heimatstadt. Über Eltern und Geschwister erfahren wir nichts. So bescheiden uns Schiltbergers Person entgegentritt, so unbemerkt ist er auch wieder aus der Welt gegangen, denn nicht einmal sein Todesjahr ist uns bekannt.

Was nach seiner Rückkehr aus der Gefangenschaft geschah, was er in der Heimat vorfand, wie er aufgenommen wurde – all das scheint ihm nicht mitteilenswert. Es zählt nur eines, nämlich das einzigartige Abenteuer, das dreiunddreißig Jahre andauerte, also ein halbes Menschenleben beanspruchte. Was kann vor diesem Hintergrund in der Heimat noch Erzählenswertes auf ihn warten?

Wenn wir dennoch etwas mehr über Johannes Schiltberger erfahren wollen, müssen wir uns anderer Quellen bedienen. Wir verdanken es dem bayerischen Chronisten Aventin, dessen berühmte Chronica 1566 in Frankfurt erschien, daß Schiltbergers Spur nicht ganz verloren ging. Aventin hatte wohl in jungen Jahren noch Leute getroffen, die Schiltberger persönlich gekannt hatten. So wissen wir von ihm, daß unser Autor Kämmerer und Befehlshaber der Leibwache bei Herzog Albrecht III. war. Der Herzog hatte den Heimkehrer wahrscheinlich noch vor seinem Regierungsantritt im Juni 1438 in seine Dienste genommen.

Die Schiltberger oder Schiltbergs sind ein altes bayerisches Geschlecht, das schon gegen den Ausgang des 12. Jahrhunderts urkundlich erwähnt wird. So erscheint ein Berchtholdus Marescalcus de Schiltberg 1190 in einer Urkunde. Andere Träger dieses Namens tauchen in der Folgezeit immer wieder als Zeugen, Lehensleute oder Marschälle der bayerischen Herzöge in Schriftstücken auf. Sie scheinen das Marschallsamt bei den bayerischen Herzögen erblich innegehabt zu haben. Ob jedoch alle aus einer einzigen Familie stammen, ist nicht sicher. Im Verlauf des 18. Jahrhunderts findet man noch einige Schiltberger als Hof- und Regierungsräte in kurbayerischen Diensten. Diese wenigen Angaben zur Familiengeschichte hat Friedrich Neumann, Historiker in bayerischen Diensten, der die erste neuere Ausgabe des Reisebuchs 1859 besorgte, von einem Nachkommen Schiltbergers, einem Herrn Cölestin von Schiltberger, königlicher Salzfertiger in Reichenhall, in Erfahrung gebracht.

Die Geschichte des Orients ist bei uns in der Regel nur Fachleuten und Interessierten bekannt. Um die

Ereignisse, von denen Schiltberger berichtet, besser einordnen zu können, erscheint es angebracht, einen knappen historischen Rahmen zu liefern. Hierbei werden die diversen Entwicklungen jeweils bis in die Zeit von Schiltbergers Aufenthalt im Osten nachgezeichnet.

Schiltberger nennt alle Bewohner der Länder, in die es ihn verschlug, Heiden, ohne dabei zwischen islamischen und nicht-islamischen zu unterscheiden. Andererseits nennt er Bayazid, seinen ersten Herrn, den türkischen König und sein Volk die Türken.

Der Name »Türk« taucht im 6. Jahrhundert erstmals in Quellen auf; seine Träger sind viehzüchtende Nomaden aus den Steppen Zentralasiens. Chinesische und persische Quellen sprechen von einem Khanat (Herrschaftsgebiet eines Khans) der »Koktürken«. Seit der Mitte des 8. Jahrhunderts bildeten die Oguzen den wichtigsten Stamm dieser Volksgruppe. Im 10. Jahrhundert war der größte Teil von ihnen islamisiert. In der islamischen Welt des mittleren und nahen Ostens traten die Türken zuerst als gekaufte Militärsklaven auf. Noch nicht in die islamischen Glaubenskämpfe verwickelt, boten sie die beste Gewähr, eine zuverlässige und treu ergebene Garde des jeweiligen Herrschers zu stellen. Türkische Heerführer wurden als tüchtige Soldaten für die Teilstaaten des zerfallenden Kalifenreiches immer wichtiger. Doch waren sie trotz allem noch Einzelerscheinungen.

Erst nach der Jahrtausendwende begannen geschlossene türkische Stammesverbände nach Süden vorzudringen. Einem solchen Verband, von den Arabern »Turkman« genannt, gelang es, unter der Führung zweier Brüder, Toghril Beg und Tschaghir Beg aus der Familie Seldschuk, innerhalb weniger Jahre Chorasan und Zentralpersien einzunehmen. Mit den Seldschuken hatte zum erstenmal eine türkische Familie eine entscheidende Rolle in der islamischen Welt übernommen. Die turkmenischen Heerscharen Toghril Begs drangen auch in das Gebiet des byzantinischen Kaiserreichs vor, dem sie schließlich Kleinasien abgewannen. Nur vorübergehend erlangten die Byzantiner im Verlauf des ersten Kreuzzugs (1096–99) einen Teil ihrer Macht in Kleinasien zurück. Seit dem Durchzug von Barbarossas Heer auf dem dritten Kreuzzug (1189–92) wurde das Land von Reisenden als »Türkei« bezeichnet.

Der Zusammenbruch des byzantinischen Reiches nach der Eroberung Konstantinopels durch das Kreuzfahrerheer 1204 beseitigte für die Türken jede Gefahr im Westen, doch das Großseldschukische Reich war schon durch Nachfolgerstreitigkeiten geschwächt. So gelang es turkmenischen Statthaltern und Stammesfürsten an der Peripherie des Reiches, größere Eigenständigkeit zu behaupten. Unter ihnen befand sich auch der Stamm, dem eine glückliche Zukunft beschieden sein sollte, die Osmanen, benannt nach dem Begründer ihrer Dynastie, Osman

(1288–1326). Anstoß für den Aufstieg der Osmanen waren die 1243 ins Land gekommenen Mongolen, die aber später fast ihren Untergang verursachten. Flüchtlinge aus den von den Mongolen besetzten und verwüsteten Gebieten verstärkten in Kleinasien das türkische, vor allem aber das islamische Element. Osman, dem Dynastiegründer, gelang es zwar noch nicht, wichtige Städte wie Bursa, Nicäa oder Nikomedia einzunehmen, doch schon kurz nach seinem Tod fiel das politische und wirtschaftliche Zentrum Bursa in die Hände seines Stammes. Orhan, dem Eroberer dieser Stadt, glückte durch Übernahme des byzantinischen Verwaltungsapparates rasch der Aufbau eines organisierten Staatswesens. Eine der entscheidenden Neuerungen war die Aufstellung eines stehenden Heeres. Turkmenen, aber auch Christen, die bereit waren, für Sold zu gehorchen, fanden sich hier als Fußsoldaten oder als Reiter, den sogenannten »müsellems«, zusammen. Das geschickte Verhalten bei inneren Streitigkeiten turkmenischer Fürstentümer steigerte Orhans Macht; sogar in die Thronstreitigkeiten der griechischen Kaiser mischte er sich zugunsten von Johann VI. Kantakuzenos (1347–54) ein. Der Lohn waren eine Kaisertochter als Frau und die Erlaubnis, in Thrakien Raubzüge durchzuführen. Damit war den Osmanen der Schritt über die Dardanellen gelungen. 1354 errichtete Orhans Sohn Süleyman auf der europäischen Seite, auf der Halbinsel Gallipoli, einen festen Stützpunkt. Orhans Nachfolger Murad I. eroberte 1361 Adrianopel, die thrakische Provinzhauptstadt. Vier Jahre später wurde sie anstelle Bursas Hauptstadt des osmanischen Reiches und hieß von nun an Edirne. Die Gewohnheit, jeweils neu eroberte Städte zur Residenz zu erheben, wurde erst 1453 nach der Einnahme Konstantinopels aufgegeben.

Die Lage der Kaiserstadt war immer schwieriger geworden, denn seit der Eroberung von Philoppopel 1363 war der byzantinische Herrschaftsbereich durch türkische Abschnitte unterbrochen und die Hauptstadt von osmanischem Gebiet eingekreist. Diesen Machtverlust Konstantinopels hatten die Balkanfürstentümer zunächst mit Genugtuung verfolgt, plötzlich jedoch sahen sie sich selbst bedroht. Doch es war schon zu spät: untereinander zerstritten und zu gemeinsamem Handeln unfähig, mußten sie sich bald der Oberherrschaft des osmanischen Sultans beugen. Lazar, einem nordserbischen Fürsten, gelang zwar die Bildung einer umfassenden Allianz von Balkanfürsten, aber das gemeinsame Heer aus serbischen, bosnischen, albanischen, bulgarischen und walachischen Truppen unterlag auf dem Amselfeld bei Kossovo 1389 dem Aufgebot Sultan Murads I. Damit war das Schicksal der Balkanstaaten für lange Zeit besiegelt. Sie wurden den Türkenherrschern tributpflichtig und mußten sogar auf ihrer Seite kämpfen. Der Sohn Murads, Bayazid I., setzte das Eroberungswerk seines Vaters erfolgreich fort.

Dieser Herrscher, dessen Kriegsgefangener Schiltberger war und an dessen Kriegszügen er teilnahm, begann seine Regierungszeit mit einer Tat, die zu einer, wenn auch traurigen, Tradition der Osmanendynastie wurde: Er ließ seinen Bruder ermorden, um ein für allemal Thronstreitigkeiten auszuschließen. Bayazid war eitel, jähzornig und arrogant – genauso wie wir ihn in Schiltbergers Bericht kennenlernen werden. Aber er war ein ausgezeichneter Heerführer, der an allen Brennpunkten zum richtigen Augenblick auftauchte und wohl deshalb von seinen Untertanen den Beinamen »der Blitz« erhielt. Während seiner Regierungszeit gelang es, Serbien endgültig zu unterwerfen; eine Tochter Lazars nahm er in seinen Harem auf, und dessen Sohn und Nachfolger Lazarevic kämpfte bei Nikopolis auf Bayazids Seite. Auch in Anatolien dehnte Bayazid seine Macht aus. Karaman, Kayseri, Siwas, Ankara und Samsun sind Städte, deren Eroberung wir in Schiltbergers Bericht mitverfolgen können.

Seit 1391 war über Konstantinopel eine Seeblokkade verhängt worden, aber erst 1394 eröffnete Bayazid die eigentliche Belagerung der Stadt, deren Eroberung sein erklärtes Ziel war. In der Stadt herrschten Hunger und Verzweiflung; nur der Westen konnte Hilfe bringen. König Sigismund von Ungarn, der spätere Kaiser des Heiligen Römischen Reiches, war durch die Unterwerfung Bulgariens und der Walachei höchst beunruhigt. Deshalb begann er 1394 mit der Vorbereitung der bisher größten christlichen Offensive gegen die Türken. Sein Ziel war aber mehr der Schutz des katholischen Ungarn als der Entsatz der orthodoxen Griechen in Konstantinopel. Vom Papst als Kreuzzug abgesegnet, sammelte sich ein internationales Heer. Die Hauptkontingente bildeten die Ungarn und die Franzosen. Da er seit 1396 Oberlehensherr Genuas und damit auch der genuesischen Kolonien in Osten war, zeigte der französische König Karl VI. besonderes Interesse an Konstantinopel. Er allein schickte zehntausend Mann. Aber auch Abteilungen des Deutschritterordens und des Johanniterordens befanden sich unter den Kreuzfahrern. Dazu kamen Truppen aus Österreich, Böhmen, der Walachei und Polen. Auch Ritter aus Bayern und anderen deutschen Landen hatten sich eingefunden. Unter ihnen war ein gewisser Herr Leinhart Richartinger, dessen Knappe Johannes Schiltberger unseren Reisebericht verfaßt hat.

König Sigismunds Heer gelangte jedoch nicht bis Konstantinopel. Schon am Unterlauf der Donau, bei Nikopolis, stellten sich ihm die türkischen Truppen und die Vasallen Bayazids entgegen. Die Kreuzfahrer erlitten eine vernichtende Niederlage, die auch insofern von großer Bedeutung war, als sie dem Abendland deutlich die Macht der Osmanen, der zukünftigen Herren des Orients vor Augen führte.

Vor dem endgültigen Aufstieg des osmanischen Reiches drohte ihm jedoch schon wenige Jahre nach dem Sieg bei Nikopolis von ganz anderer Seite eine tödliche Gefahr. Die mongolischen Truppen Tamerlans hatten begonnen, Kleinasien zu erobern.

Das Volk der Mongolen war unter seinem Führer Dschingis Khan mit einem Schlag auf die politische Weltbühne getreten. Seine auffallenden Erfolge hatten unterschiedliche Ursachen. Sie beruhen einmal auf der hervorragenden Organisation, dann auf der enormen Beweglichkeit der mongolischen Truppenverbände, aber auch auf einem ausgedehnten Spionagenetz. Dazu kamen der Nimbus der Unbesiegbarkeit und der Ruf außerordentlicher Grausamkeit, die den Mongolen überall vorauseilten.

Doch schon bald nach Dschingis Khans Tod setzte durch die Uneinigkeit seiner Nachfolger der Machtverfall ein. Batu, ein Großneffe, errichtete in Südrußland an der unteren Wolga das Reich der »Goldenen Horde«, wie sich seine Armee nannte. Später kam es noch zur Bildung einer Weißen Horde, und Schiltberger kennt sogar Blau- und Rottataren. Es dauerte nicht lange, bis es unter den Mongolenfürsten zum Bürgerkieg kam, der erst von Kublai Khan wieder beendet wurde. Er war der letzte Mongolenführer, der als Großkhan über ein geeintes Mongolenreich regierte. Er verlegte seine Residenz von Karakorum nach Peking und gab seiner Dynastie den Namen Yüan. An seinem Hof versammelte er Gelehrte und Künstler, und die berühmtesten Besucher, die seine Hauptstadt erreichten, waren die Polos,

Marco, sein Vater und sein Onkel. Aber auch die Yüan-Dynastie erwies sich als kurzlebig. Etwa 75 Jahre nach Kublai Khans Tod vertrieben die Chinesen die fremden Herrscher wieder aus ihrem Land.

Ein Bruder Kublais, Hulagu, betrieb die Eroberung Vorderasiens. Nachdem er die Festung der Assassinen, einer fanatischen mohammedanischen Sekte, eingenommen hatte, die hundert Jahre lang jedem Eroberungsversuch widerstanden hatte, folgte 1258 der Fall Bagdads. Durch Zerstörung der Dämme war das umliegende Land überflutet worden, und bald ging die Stadt in einem Blutbad unter. Der letzte Vertreter des fünfhundert Jahre alten Abbasiden-Kalifats wurde in einen Teppich eingenäht und zu Tode getrampelt. Dann begann die Eroberung Syriens und Obermesopotamiens.

Nur Ägypten blieb vor den Mongolenheeren verschont. Es wurde zur Zufluchtstätte vieler Moslems und konnte sich so zu einem neuen Zentrum des Islams entwickeln. Schon zur Zeit von Schiltbergers Aufenthalt in Kairo war der Sultan von Ägypten das geistige Oberhaupt der islamischen Welt geworden. Doch hatte es dazu neuer, starker Herren in Kairo bedurft. Der letzte Ajjubidenherrscher in Ägypten, as-Salih, hatte seine Macht auf eine Garde türkischer, später tscherkessischer Sklaven, Mamelucken genannt, gestützt. Er hatte sie in großer Zahl gekauft und mit ihnen den Kampf gegen seine Rivalen gewonnen, hatte Jerusalem erobert und sogar König

Ludwig den Heiligen von Frankreich gefangennehmen können. Nach dem Tode as-Salihs übernahmen die Mamelucken 1256 selbst die Macht in Ägypten, wo von nun an das Militär regierte. Die neuen Herren rüsteten zum Heiligen Krieg gegen die Ungläubigen, die Mongolen. Sie besiegten sie 1260 in Palästina, und bald war auch Syrien zurückerobert. Die Grenze zwischen mameluckischem und mongolischem Machtbereich verlief jetzt zwischen Mesopotamien und Syrien.

Die Herrschaft der Mamelucken beruhte auf einer Militärdiktatur, die die unterworfene Bevölkerung hart für sich arbeiten ließ. Die Soldaten rekrutierten sich weiterhin aus türkischen bzw. tscherkessischen Sklaven. Doch die Führungsschicht war sich oft uneins, und die Sultane lösten sich zeitweise in rascher Folge in der Herrschaft ab. Auch davon berichtet uns Schiltberger in recht anschaulicher Weise.

Daß die Mameluckensultane sich dennoch so lange an der Macht halten konnten – sie wurden erst 1517 von den Türken verdrängt – hatte mehrere Gründe. Einer war ihre neu entstandene Führungsrolle in der islamischen Welt. Den Mamelucken war das Kalifat, d. h. die Würde, den Titel eines rechtmäßigen Nachfolgers Mohammeds zu führen, und damit die geistliche Herrschaft über alle Moslems zugefallen, nachdem das Abbasiden-Kalifat erloschen war. Ein weiterer Grund waren die reichen Einnahmen aus dem Handel, der vor allem durch italienische, provenzalische und katalanische Kaufleute einen enormen Aufschwung nahm.

Die Mamelucken hatten also den mongolischen Vorstoß erst einmal stoppen können, aber auch die Streitigkeiten unter den mongolischen Fürsten hatten das ihrige getan, um die Macht der Tataren zu schwächen. Nur einmal noch sollte es einem Mongolenfeldherrn gelingen, die Herrschaft dieses Volkes auszudehnen. Dieser Mann war Timur-Lenk (der Lahme), auch Tamerlan oder, von Schiltberger, Tämerlin genannt. Er erwarb sich den zweifelhaften Ruhm, der größte Menschenschlächter der Geschichte zu sein, und noch im 18. und 19. Jahrhundert erschien er europäischen Dichtern wie Goethe oder Byron als ein Symbol des Schreckens und des Bösen.

Er wurde 1336 in der Nähe von Samarkand geboren. Sein Vater, ein türkischer Emir, war ein frommer Moslem und galt als Freund der Gelehrten. Der junge Tamerlan verbrachte seine Jugendzeit als Anführer einer Schar von Abenteurern. Er war ungebildet, grausam und brutal, aber ein begabter Feldherr. So war es ihm seit etwa 1370 gelungen, die verbliebenen Reste des Mongolenreiches unter seine Herrschaft zu zwingen. Samarkand wurde zur Hauptstadt seines stetig wachsenden Reiches. Innerhalb weniger Jahrzehnte verbreitete er von Rußland bis Indien und von den Grenzen des chinesischen Reiches bis nach Syrien und Kleinasien Tod und Schrek-

Timur oder Tamerlan (1336–1405).
Zu seiner Kriegsbeute nach dem Sieg über Bayazid (1402)
gehörte auch der Sklave und Soldat Johannes Schiltberger.

ken. 1393 wurde Bagdad erneut von den Mongolen gestürmt, 1398 bis 1401 folgten die Eroberungen von Siwas, Aleppo und Damaskus, 1402 schließlich der Sieg über Bayazid I. Bei all diesen Ereignissen können wir als Leser dank unseres Augenzeugen Schiltberger dabeisein und von den Grausamkeiten Timurs aus erster Hand erfahren. 1405, gerade als er sich an die Eroberung Chinas machte, starb Timur, fast siebzigjährig. Seine Söhne und vor allem deren Nachfolger erwiesen sich jedoch als unfähig, sein Erbe zu bewahren oder gar zu mehren. Sehr bald zerfiel sein Reich in untereinander zerstrittene Fürstentümer.

Dieser Mann also unterbrach den Aufstieg der Osmanen – ja hätte ihn fast beendet – und wurde Bayazid zum Verhängnis. Der hatte Timur vor allem durch die Eroberung von Siwas – bei Schiltberger Sebast – herausgefordert. 1402 suchte er bei Ankara die endgültige Entscheidung, unterlag aber dem mongolischen Heer. Weniger als ein Jahr später starb er in der Gefangenschaft. Zwei Jahre danach war aber auch Timur tot, so daß sich den Söhnen Bayazids die Gelegenheit bot, die osmanischen Expansionspläne wieder aufzugreifen. Doch stürzten sie das Reich erst einmal in einen fast zehnjährigen Bürgerkrieg um die Oberherrschaft. Erst Bayazids jüngster Sohn Mehemed konnte den Streit beenden und an die innere Festigung des Reiches gehen. Während seiner Regierungszeit als Mehemed I. (1402–1421) waren die Beziehungen zu Konstantinopel fast freundschaftlich geworden, doch schon sein Sohn Murad II. sann wieder auf die Eroberung der Kaiserstadt. Dies war nur konsequent, denn die Stadt war zu einer machtlosen Enklave im osmanischen Reich geworden, und auch die byzantinischen Kaiser wußten, daß ihre Tage gezählt waren.

1453 wurde Konstantinopel von Mehemed II., danach der Eroberer genannt, eingenommen und zur neuen Hauptstadt des osmanischen Reiches erhoben. Damit war das byzantinische Kaiserreich, der Nachfolger des oströmischen Reiches, endgültig erloschen und auch ein großes Kapitel der griechischen Geschichte beendet.

Johannes Schiltberger befand sich also zu einer Zeit im Orient, in der sich für das Morgenland und für Asien wichtige Entwicklungen überschnitten. Da ist einmal der Aufstieg und die Expansion des osmanischen Reiches, die durch ein letztes Aufbäumen der Mongolenmacht fast wieder frühzeitig beendet worden wäre; da ist auch die Konsolidierung der Mameluckenherrschaft in Ägypten, die mit der Rolle zusammenhängt, die den Sultanen von Kairo als Führern des Islam zufiel; dazu kommen die Schwäche und der Niedergang des ausgehöhlten byzantinischen Kaisertums und die ersten Abwehrreaktionen der europäischen Mächte gegen die heranwachsende Türkengefahr. All dies erfahren wir aus erster Hand, natürlich ohne daß sich unser Berichterstatter der ganzen Tragweite der Ereignisse bewußt wäre. Er gibt sich damit zufrieden, genau zu beobachten, herumzuhören und das Erfahrene an den Leser weiterzugeben.

Daß sich im Orient, weit weg von den europäischen Schauplätzen, etwas tat, das wußte man in Europa schon. Es konnte ja nicht unbemerkt bleiben, wenn die Kreuzzüge immer seltener bis ins Heilige Land vorstießen. Die Nachrichten von der Niederlage König Sigismunds bei Nikopolis und von der tödlichen Bedrohung Konstantinopels schreckten die Bürger in unseren Landen natürlich auf und machten sie neugierig darauf, Genaueres zu wissen und auch Details zu erfahren. Damit konnte Schiltberger dienen, hier hatte er etwas zu sagen, denn er war ja überall dabei gewesen. Er hatte gegen und mit den Türken gekämpft, er hatte Städte belagert und war bei einem Geleitschutz mitgezogen. Auch das Wechselspiel der politischen Kräfte in dieser Zeit des Umbruchs hatte Schiltberger hautnah miterlebt. Jedesmal wenn einer seiner Herren im Kampf um Macht und Einfluß unterlag, wurde er als beweglicher Besitz weitergereicht oder -vererbt. So fand er sich sowohl auf der Verlierer- als auch auf der Gewinnerseite.

Daß die Reisen unseres unfreiwilligen Augenzeugen dem Leser etwas bieten konnten, zeigte sich am deutlichsten an der Resonanz, die sein Reisebericht beim zeitgenössischen Publikum fand. Sein Buch war, wie das Marco Polos, ein Lieblingsbuch seiner Zeit. Die ersten Ausgaben des Berichts sind in handschriftlicher Form überliefert. Man kennt vier Handschriften des 15. Jahrhunderts: eine aus der Nürnberger Stadtbibliothek, eine aus der Fürstlichen Bibliothek in Donaueschingen, eine weitere aus der Universitätsbibliothek Heidelberg und schließlich ein Fragment aus der Stiftsbibliothek St. Gallen. Bald schon erschienen Drucke des Reisebuches, so kurz hintereinander drei Ausgaben in Augsburg in den Jahren 1476, 1477 und 1478. Zwei Ausgaben von 1549, einer aus Frankfurt und einer aus Nürnberg, folgten in Frankfurt vier weitere: 1553 (ein Nachdruck der Ausgabe von 1549), 1554, 1560 und 1565. Das Buch hatte also über einen langen Zeitraum hinweg immer wieder eine interessierte Leserschaft gefunden. Einige der frühen Drucke waren noch mit Holzschnitten illustriert, die zum Teil sogar koloriert waren. In der hier vorgelegten Ausgabe sind Holzschnitte aus verschiedenen Drucken enthalten.

Von den neueren Textausgaben des Schiltbergerschen Reisebuches sind drei zu erwähnen. Die erste wurde 1859 von Friedrich Neumann aus der Heidelberger Handschrift und den frühen Drucken erstellt und mit Erläuterungen versehen. 1885 legte Valentin Langmantel in der »Bibliothek des Literarischen Vereins in Stuttgart« ebenfalls eine kommentierte Textausgabe vor. Schließlich erschien 1969 eine von

Elisabeth Geck herausgegebene Faksimile-Ausgabe, die sich den zweiten Augsburger Druck von 1477 zugrunde legt. Der von uns vorgelegte Text stützt sich auf die Ausgabe von Friedrich Neumann sowie auf den Faksimile-Druck der Augsburger Ausgabe von 1477. Er erscheint hier zum erstenmal in neuhochdeutscher Fassung.

Weiter oben schon wurde Schiltbergers Reisebuch mit dem Marco Polos verglichen, und zwar nicht ganz unberechtigt. Genau wie sein wesentlich berühmterer Vorgänger aus Venedig ist Schiltberger sehr weit herumgekommen und hat dabei Länder und Gegenden kennengelernt, in die noch kaum ein Europäer gekommen war. Der wesentliche Unterschied zu Marco Polo liegt aber darin, daß der vornehme Venezianer als Gesandter und reicher Kaufmann unterwegs war, Schiltberger aber als Kriegsgefangener und Sklave. Marco Polo hatte als Günstling Kublai Khans natürlich Zutritt zu den vornehmen Kreisen am Hof, während Schiltberger diese Türen verschlossen blieben. Er war auf die einfachen Leute, meist Soldaten, angewiesen, um Informationen zu erhalten. Das hat ihn aber offensichtlich nicht verdrossen, denn er blieb stets ein interessierter und aufmerksamer Beobachter dessen, was um ihn herum vorging. So erfahren wir von ihm, was man sich in der Truppe über die einzelnen Herrscher, die Geschichte von verschiedenen Städten und Kriegsfahrten erzählte. Als guter Zuhörer merkte er sich viel Interessantes, um es hernach einmal aufzeichnen zu können.

Ähnlich wie Marco Polo und andere Reisende dieser Zeit gibt unser Erzähler zunächst einen Bericht der historischen Ereignisse, die er miterlebte oder über die er sich, soweit sie vor seiner Zeit lagen, informierte. Er schildert außerdem alle wichtigen Persönlichkeiten, denen er begegnete. Das macht den ersten Teil seines Reisebuches aus. Aber er weiß auch, was seine Zeitgenossen, d. h. seine Leserschaft, noch interessiert, und so befaßt sich ein weiterer Teil, ohne daß er deshalb wie üblich in weitere Bücher unterteilt, mit den Ländern und Menschen, die er auf seinen Reisen kennenlernte. In diesem Teil breitet Schiltberger eine ganze Menge kulturhistorischer Fakten aus. Wir erfahren von Sitten und Gebräuchen der verschiedensten Volksstämme, vor allem aber von ihren Religionen. Dabei weiß er stets das Charakteristische hervorzuheben; einmal sind dies soziokulturelle Eigenheiten, ein anderes Mal die Voraussetzungen, auf denen z. B. der besondere Reichtum eines Landes beruht. Hier zeigt es sich, daß Schiltberger wissenswerte Details in Erfahrung bringen konnte, auch wenn er keinen direkten Zugang zu den Kreisen der Vornehmen und Eingeweihten hatte. Er hörte sich unter Seinesgleichen um, und so wurde sein Bericht angereichert mit reizvollen Legenden und Volkssagen aus den verschiedensten Ländern. Ob es sich um eine Schlangenplage in

Samsun handelt, um die geheimnisumwitterte Sperberburg, um die Zerstörung des Leuchtturms von Alexandria oder den Bau der Stadtmauer von Konstantinopel, immer weiß Schiltberger eine kleine Geschichte zu erzählen, die sein Publikum fesselt und in Erstaunen versetzt. Dies gibt seinem Bericht auch eine eigene Note. Gerade das Nebeneinander von historischen, mit Hilfe anderer Quellen nachprüfbaren Fakten und oft nur mündlich tradierten Sagen und Erzählungen eines Volkes macht sein Buch zu einem kulturhistorisch wertvollen, auch heute noch lesbaren Werk.

Auch in diesem zweiten Teil zeigt sich wieder die grundsätzliche Erzählhaltung Schiltbergers. Er gibt weiter, was er erfahren hat und wie er es erfahren hat. Er hat keinen Grund, an den seltsamen und wunderbaren Dingen, die man ihm erzählt hat, zu zweifeln. Er unterzieht sich sogar der Mühe, die verzauberte Sperberburg selbst zu suchen, um an dem Wunder teilzuhaben. Wenn ihm allerdings etwas widersprüchlich erscheint, z. B. daß man in Indien erst Feuer legt, um den Pfeffer ernten zu können, dann meldet er seine Bedenken auch deutlich an. Im allgemeinen aber bleibt er als Erzähler ganz hinter seinem Bericht zurück, nur selten spricht er von seiner Person.

Das dritte große Thema Schiltbergers ist die Religion. Es ist ein verständliches Anliegen, wenn man die besondere Situation des Autors und seiner Leidensgenossen bedenkt. Er ist ja nicht nur Kriegsgefangener und Sklave, sondern in den Augen seiner Herren auch ein Ungläubiger, d. h. er hatte keinen religiösen Rückhalt. Wiederum bemüht er sich, das Eigentümliche und Wissenswerte der türkischen und mongolischen Herrschaft auch auf diesem Gebiet aufzuzeigen. So erfahren wir von der friedlichen Koexistenz verschiedener Religionsgemeinschaften, von der Tatsache, daß drei Bischöfe unterschiedlicher christlicher Konfession in einer Stadt residieren. Vor allem hier überrascht uns Schiltberger mit seiner Zurückhaltung. Obwohl er über Heiden schreibt, die seine Religion und das Abendland bedrohen, stellt er den mohammedanischen Glauben ganz sachlich, ohne Tadel oder missionarischen Eifer dar. Selbst die islamische Kritik am Christentum unterdrückt er nicht, sondern trägt sie so vor, wie er sie sich anhören mußte. Daß auch mohammedanische Völker zur Nächstenliebe fähig sind, beweist er uns anhand der Spitäler Bursas, in denen Christen, Juden und Moslems in gleicher Weise Aufnahme fanden. Die Vielfalt des religiösen Lebens im Morgenland, der vielen verschiedenen Sitten und Eigenheiten, so wie Schiltberger sie vor uns ausbreitet, ist wirklich eindrucksvoll. Stets kommen dabei die Religionen gewissermaßen selbst zu Wort, um die Unterschiede zu anderen Bekenntnissen deutlich zu machen.

Am Schluß seines Reiseberichts hat Schiltberger das armenische und das, wie er sagt, tatarische

Vaterunser angeführt. Damit bediente er sich der in der modernen Sprachwissenschaft üblichen komparatistischen Methode. Diese Besonderheit verdient Beachtung, denn sie ermöglicht es, nachzuvollziehen, wie Schiltberger die fremden Lautfolgen, die er ja nur vom Hören kannte, deutete und schriftlich fixierte. Dies wiederum erleichtert es uns, die Städte- und Personennamen, die der Autor ja ebenfalls nur vom Hörensagen kannte, zu bestimmen und in die heutige Schreibung zu übertragen. Die wichtigsten von ihnen sind im Kommentar in der heute üblichen Schreibweise wiedergegeben und erläutert. Die beiden Vaterunser werden in der vorliegenden Textausgabe nicht abgedruckt, da der deutsche Text bekannt ist, andererseits aber die für die Urfassungen notwendigen Sprachkenntnisse vom Leser nicht erwartet werden können.

Zum Schluß sei noch eine Anmerkung zur Übersetzung des Textes erlaubt. Schiltbergers ursprüngliche Handschrift ist zwar nicht erhalten, doch wurde die Heidelberger Handschrift eindeutig auf das Jahr 1443 datiert, so daß man annehmen kann, daß der Text spätestens in den vierziger Jahren des 15. Jahrhunderts verfaßt wurde. Es handelt sich somit um ein Zeugnis der spätmittelhochdeutschen Sprache. Die Schwierigkeiten bei der Übersetzung eines solchen Dokuments bestehen darin, zwei Anforderungen zugleich gerecht zu werden. Einmal soll dem Leser ein verständlicher, flüssig lesbarer Text geboten werden, andererseits darf dabei der Sprachduktus des ›alten Reiseberichts‹ nicht verloren gehen. Der einfache, zurückhaltende Ton Schiltbergers, der ganz seiner Erzählhaltung gemäß grelle Laute vermeidet, mußte erhalten bleiben. Dazu gehört auch der meist gleichbleibende Satzbau mit manchmal fast stereotypen Wendungen, wie sie sich auch in den Kapitelüberschriften ganz deutlich zeigen. In der Regel wurde sehr behutsam in den Text eingegriffen, vor allem um etwas Abwechslung in Satzanfänge und Satzverknüpfungen zu bringen. Auslassungen und Kürzungen wurden, mit Ausnahme der erwähnten Vaterunser, nicht vorgenommen. Somit liegt Schiltbergers vollständige Reisebeschreibung uns erstmals in einer modernen Fassung vor.

Ulrich Schlemmer

ICH, JOHANNES SCHILTBERGER,
ZOG AUS MEINER HEIMATSTADT
MÜNCHEN, DIE IN BAYERN LIEGT,
MIT EINEM HERRN LEINHART
RICHARTINGER AUS ZU DER ZEIT,
ALS KÖNIG SIGISMUND IN UNGARN
GEGEN DIE HEIDEN ZOG.
DAS WAR IM JAHR 1394 NACH
CHRISTI GEBURT, UND ICH KEHRTE
ERST IM JAHR 1427 WIEDER AUS DEM
HEIDENLAND ZURÜCK.
WAS ICH WÄHREND DIESER ZEIT
IM LANDE DER HEIDEN AN KÄMPFEN
UND BEMERKENSWERTEN HEERFAHRTEN,
AUCH WELCHE GROSSEN STÄDTE
UND GEWÄSSER ICH GESEHEN HABE
UND WAS ICH DAVON IM GEDÄCHTNIS
BEHIELT, DAS FINDET IHR,
WENN AUCH NICHT GANZ VOLLSTÄNDIG,
HIER BESCHRIEBEN.
DENN ICH WAR EIN KRIEGSGEFANGENER
UND NICHT MEIN EIGENER HERR.
ABER SO GUT ICH ES BEGRIFFEN HABE
UND MIR MERKEN KONNTE,
HABE ICH DIE LÄNDER UND STÄDTE
IN DER LANDESSPRACHE BENANNT
UND AUFGESCHRIEBEN.
AUCH TEILE ICH VIELE HÜBSCHE
UND SELTSAME ABENTEUER MIT,
DIE SICH SEHR SCHÖN ANHÖREN.

Kapitel 1

Von der Schlacht, die König Sigismund gegen die Türken schlug

Erst als ihm im Jahre 1394 die Heiden in Ungarn großen Schaden zufügten, rief König Sigismund[1] die übrige Christenheit zu Hilfe. Daraufhin erhielt er aus allen Landen Unterstützung, und ein großes Heer kam ihm zu Hilfe. Mit diesem Heer zog er zum eisernen Tor[2], das Ungarn, Bulgarien und die Walachei voneinander trennt. Dort ging er über die Donau und zog nach Bulgarien vor Pudem[3], eine große wichtige Stadt des Landes. Daraufhin kam der Herr über Stadt und Land auch dorthin und begab sich in die Gnade des Königs. Der besetzte die Stadt mit dreihundert zuverlässigen Rittern und Knechten und zog weiter vor eine andere Stadt, in der viele Türken waren. Er lag fünf Tage davor, aber die Türken wollten sie nicht aufgeben. Da trieb die Besatzung sie mit Gewalt aus der Stadt und übergab sie dem König. Dabei wurden sehr viele Türken erschlagen, die übrigen gefangengenommen. Diese Stadt ließ der König mit zweihundert Mann besetzen und zog dann weiter nach Schiltau[4], das in der Heidensprache Nikopolis heißt. Das belagerte er von der Wasser- und der Landseite her 16 Tage lang. Während er vor Nikopolis lag, kam der türkische König, Bayazid[5] genannt, der Stadt mit zweihunderttausend Mann zu Hilfe. Als König Sigismund davon erfuhr, zog er ihm mit seinem Heer, das schätzungsweise sechzehntausend Mann zählte, bis auf eine Meile weit entgegen. Da kam der Herzog der Walachei, Werterwaywod[6], und bat den König um Erlaubnis, den Feind auskundschaften zu dürfen, was dieser ihm gewährte. So nahm der Herzog zu seinem eigenen Gefolge noch tausend Mann und besah sich den Feind. Zum König zurückgekehrt, berichtete er, das feindliche Heer habe zwanzig Banner und unter jedem stünden zehntausend Mann. Jedes Banner habe sein Kriegsvolk in einem eigenen Lager versammelt. Sowie der König das erfahren hatte, beschloß er, einen ordentlichen Schlachtplan zu entwerfen. Der Herzog der Walachei bat darum, den ersten Angriff führen zu dürfen, und der König hätte es ihm auch erlaubt, doch der Herzog von Burgund[7], der das hörte, wollte weder dem Herzog der Walachei noch irgendeinem anderen diese Ehre gönnen. Weil er mit schätzungsweise sechstausend Mann auf dem Landweg so weit dorthin gezogen war und schon sehr viel für den Unterhalt verbraucht hatte, bat er den König, ihn den ersten Angriff reiten zu lassen. Doch dieser wünschte, daß er das den Ungarn überließe, denn sie hätten schon mit den Türken gekämpft und wüßten um deren Gefährlichkeit besser als alle anderen. Doch der Herzog von Burgund gönnte es auch den Ungarn nicht, und so nahm er seine Streitmacht, ritt gegen den Feind und durchbrach dabei zwei Heerhaufen. Als er aber auf den dritten stieß, machte er kehrt und wollte zurückreiten. Doch die Feinde hatten ihn schon umzingelt. Da die Türken nur auf die Pferde schossen, verloren mehr als die Hälfte seiner Männer die Pferde; so konnte er nicht entkommen und wurde gefangengenommen. Als der König davon hörte, daß der Herzog von Burgund den Feind schon angegriffen hatte, da nahm er das übrige Heer und ritt gegen zwölftausend Fußsoldaten an, die die Türken vorgeschickt hatten. Die wurden dabei alle erschlagen oder niedergetrampelt.

In diesem Kampf wurde mein Herr, Leinhart Richartinger, vom Pferd geschossen. Als ich, Hans Schiltberger, sein Knappe, das sah, ritt ich in das Heer und half ihm auf mein Pferd. Ich selbst nahm das Pferd eines Türken und kehrte zu den anderen Knappen zurück. Wie die Fußtruppen alle vernichtet waren, zog der König gegen einen anderen, berittenen türkischen Heerhaufen. Als der Türkenkönig sah, daß König Sigismund gegen ihn zog, wollte er sich zur Flucht wenden. Der Herzog von Serbien, genannt Despot[8], erkannte dies und kam dem türkischen König und den anderen Bannerherren mit fünfzehntausend guten Soldaten zu Hilfe.

Der Despot ritt mit seiner Streitmacht gegen das königliche Banner und eroberte es. Als König Sigismund sah, daß sein Banner untergegangen und die Stellung nicht mehr zu halten war, da wandte er sich zur Flucht. Der von Cily und Hans, Burggraf zu Nürnberg, nahmen den König in ihre Mitte, führten ihn aus dem Heer und brachten ihn auf ein Schiff, mit dem er nach Konstantinopel fuhr. Wie aber die Ritter und Soldaten sahen, daß der König geflohen war, da flohen auch sie. Viele von ihnen flüchteten zur Donau, und etliche unter ihnen erreichten die Schiffe. Sehr viele wollten auf die Schiffe, doch waren diese bald so voll, daß kein Platz mehr war. Versuchten doch noch welche, auf ein Schiff zu gelangen, so schlugen ihnen die, die schon darin saßen, die Hände ab, so daß sie ertranken. Bei der

Flucht zur Donau waren an den Abhängen auch sehr viele zu Tode gestürzt. Mein Herr, Leinhart Richartinger, Wernher Pentznauer, Ulrich Kuchler und ein kleiner Steiner, alles bayerische Ritter, waren im Gefecht gefallen; ebenso wurden viele Ritter und Knechte erschlagen, weil sie das Wasser, wo sie sich auf Schiffe hätten retten können, nicht erreichten. Ein Teil des Heeres war also gefallen, der größere jedoch geriet in Gefangenschaft. So wurden auch der Herzog von Burgund und Herr Hans Boucicault⁹ sowie Herr Saint Omer, zwei Adelige aus Frankreich, gefangen. Auch der Großgraf von Ungarn und andere mächtige Herren, Ritter und Knechte, darunter ich, gerieten in Gefangenschaft.

Kapitel 2

Wie der türkische König die Gefangenen behandelte

Nachdem nun Bayazid den Sieg errungen hatte, schlug er sein Lager an der Stelle auf, an der auch König Sigismund mit seinem Heer gelagert hatte. Dann zog er auf das Schlachtfeld und besah sich die Gefallenen seines Heeres. Als er erkannte, wie viele Männer ihm erschlagen worden waren, ergriff ihn großes Leid, und er schwor, das vergossene Blut nicht ungerächt zu lassen. Er befahl seinen Männern bei Strafe an Leib und Gut, daß sie am nächsten Tag alle Gefangenen vor ihn bringen sollten.

Am folgenden Tag kamen sie, und ein jeder führte an einem Seil alle Männer, die er gefangengenommen hatte. Auch ich wurde mit zwei anderen an einem Seil vorgeführt. Als man die Gefangenen vor den König brachte, nahm dieser den Herzog von Burgund zu sich, damit er mitansehe, wie der König für seine getöteten Männer Rache nehme. Der Herzog erkannte den Zorn des Königs und bat ihn, daß er ihm zwölf Männer nach eigener Wahl überlasse. Das wurde ihm gewährt. Da nahm der Herzog zwölf Herren aus seinem Land, darunter Herrn Stephan Synher und Herrn Hansen von Bodem.

Dann befahl der König, daß ein jeder seine Gefangenen töte, und wer das nicht tun wollte, für den bestimmte er andere, die es für ihn ausführten. Auch meine beiden Mitgefangenen wurden gepackt, und man schlug ihnen die Köpfe ab. Als ich an der Reihe war, da erblickte mich der Sohn des Königs und erwirkte, daß ich am Leben blieb. Man führte mich zu den anderen Knaben, denn keiner unter zwanzig Jahren durfte getötet werden, und ich war zu der Zeit kaum sechzehn Jahre alt.

Ich sah, wie man Hans Greiff, einen Herrn aus Bayern, mit drei anderen Gefangenen am Seil vorführte. Als er erkannte, welch blutige Rache dort genommen wurde, tröstete er mit lauter Stimme die

Ritter und Knechte, die bereitstanden, um getötet zu werden, indem er sprach: »Gehabt euch wohl; wenn jetzt unser Blut des christlichen Glaubens wegen vergossen wird, so sind wir nach Gottes Wille Kinder des Himmels vor dem Herrn.« Dann kniete er nieder und ließ sich und seine Schicksalsgenossen enthaupten.

Das Blutvergießen dauerte vom Morgen bis zum frühen Abend. Als die Berater des Königs das Blutbad sahen und erkannten, daß noch kein Ende abzusehen war, standen sie auf, knieten vor dem König nieder und baten ihn, um Gottes Willen seinen Zorn zu vergessen. Des Blutvergießens sei jetzt genug, sonst könnte auch ihn Gottes Rache treffen. Der König gewährte die Bitte und befahl, mit dem Töten aufzuhören und die restlichen Gefangenen zu versammeln. Daraus wählte er seinen Anteil an Gefangenen und überließ den Rest denen, die sie gefangen hatten.

Ich wurde den Gefangenen des Königs zugeteilt. Die Zahl derer, die an diesem Tag getötet wurden, schätzte man auf zehntausend Mann. Daraufhin schickte der König seine Gefangenen nach Adranopoli[10] in Griechenland. Dort lagen wir fünfzehn Tage lang, dann wurden wir ans Meer nach Kalipoli[11] gebracht, der Hafenstadt, von wo aus die Türken übers Meer fahren. Dort wurden wir, insgesamt dreihundert Mann, zwei Monate in einem Turm gefangen gehalten.

Auch der Herzog von Burgund befand sich mit all denen, die er zuvor gerettet hatte, oben im Turm in Gefangenschaft.

Während dieser Zeit führte man den König Sigismund vor die Stadt; von dort wollte man ihn ins Wendische Land bringen. Als das den Türken zu Ohren kam, holten sie uns alle, die wir gefangen waren, aus dem Turm, führten uns ans Meer und stellten uns, zur Schande des Königs, nebeneinander auf. Dabei schrien sie ihm zu, er solle vom Schiff kommen und seine Männer auslösen. Damit wollten sie ihn verspotten. Auch führten sie lange Zeit kleinere Gefechte miteinander auf dem Meer. Die Türken konnten aber dem König nichts anhaben oder ihm Schaden zufügen, und er fuhr ungehindert davon.

Kapitel 3

Wie Bayazid ein ganzes Land auslöschte

Am dritten Tag nach der Hinrichtung so vieler Männer und nachdem man uns Gefangene in die oben genannte Stadt hatte bringen lassen, brach der König nach Ungarn auf. Er überquerte die Save bei der Stadt Mitrotz[12] und löschte ein ganzes Land aus. Von dort zog er in das Gebiet des Herzogs von Petau[13]. Aus diesem Land führte er sechzehntausend Menschen, Männer, Frauen und Kinder, mit ihrem gesamten Hab und Gut als Gefangene weg. Die Stadt Petau eroberte er, brannte sie nieder und nahm die Einwohner gefangen. Einen Teil der Gefangenen ließ er in Griechenland zurück. Als er die Save überquert hatte, schickte er Boten nach Kalipoli und befahl, uns übers Meer in seine Hauptstadt, nach Brusa[14], zu bringen. Dort blieben wir, bis der König ankam. Als er in die Stadt kam, nahm er den Herzog von Burgund mit den Männern, die dieser gerettet hatte, und brachte sie in ein Haus seines Palastes. Dem Sultan[15] schickte Bayazid einen gewissen Herrn Hodor von Ungarn zusammen mit sechzig Knaben als ein Ehrengeschenk. Darunter sollte auch ich sein. Doch ich war mit drei Wunden schwer verletzt, und man befürchtete, daß ich auf der Reise sterben könnte, und so blieb ich beim türkischen König. Er beehrte auch den König von Babylon und den von Persien mit Gefangenen als Geschenken. Sogar zu den Weißtataren[16], nach Großarmenien[17] und noch in viele andere Länder sandte er solche Geschenke. Ich kam an den Hof des türkischen Königs. Da mußte ich, zusammen mit den anderen, sechs Jahre lang überall, wohin er zog, zu Fuß vorneweg marschieren, denn es ist dort üblich, daß man zu Fuß vor den Herren hergeht. In diesen sechs Jahren erwarb ich mir das Verdienst, ein Reittier zu haben, und ich ritt sechs weitere Jahre mit ihm, so daß ich insgesamt zwölf Jahre bei ihm war.

Was jener türkische König in diesen zwölf Jahren vollbrachte, ist so bemerkenswert, daß ich es Stück für Stück aufgeschrieben habe.

Kapitel 4

Wie Bayazid gegen seinen Schwager Krieg führte und ihn dabei tötete

Sehr bald begann Bayazid einen Krieg mit seinem Schwager Karaman[18], der seinen Namen von dem Land hatte, das er beherrschte. Die Hauptstadt des Landes hieß Karanda. Weil Karaman seinem Schwager nicht untertänig sein wollte, zog der mit hundertfünfzigtausend Mann gegen ihn ins Feld. Als Karaman merkte, daß der König Bayazid gegen ihn zog, marschierte er ihm mit siebzigtausend Mann, die er für die besten seines Landes hielt, entgegen. Damit wollte er dem König standhalten. Beide Heere stellten sich in einer Ebene vor der Stadt Konia[19], die zum Gebiet des Karaman gehörte, auf. Dort trafen sie aufeinander und begannen zu kämpfen. An einem Tag wurden zwei Schlachten geschlagen, und doch konnte keiner den anderen überwinden. Beide Seiten vereinbarten für die Nacht einen Waffenstillstand. Karaman machte in dieser Nacht ein großes Spektakel mit Trompeten und Pauken. Dadurch und mit seiner Wachsamkeit wollte er Bayazid abschrecken. Dieser jedoch befahl seinen Männern, nur Feuer zu machen, um das Essen zu kochen, danach mußte es wieder gelöscht werden. Bei Nacht schickte er dreißigtausend Mann hinter die feindlichen Linien, denen er auftrug, dem Feind in den Rücken zu fallen, sobald er des Morgens angriffe. Als der Tag anbrach, blies Bayazid zum Angriff und die dreißigtausend fielen den Feind, wie es der König angeordnet hatte, von hinten an. Sowie Karaman erkannte, daß ihn der Feind von zwei Seiten angriff, flüchtete er in seine Stadt Konia und setzte sich von dort zur Wehr. Bayazid aber schlug sein Lager vor der Stadt auf und belagerte sie elf Tage lang, ohne daß er sie einnehmen konnte.

Da schickten die Bürger eine Abordnung zu Bayazid, die ihm sagte, sie wollten ihm die Stadt übergeben, wenn er sie an Leib und Gut verschone. Das versprach er ihnen, und sie ließen ihm hierauf ausrichten, er solle kommen und die Stadt bestürmen, sie wollten ihm an der Mauer nachgeben, so daß er die Stadt erobern könne. Und so geschah es auch. Als Karaman sah, daß sein Schwager in die Stadt gelangt war, zog er mit seinem Kriegsvolk los und focht mit ihm in der Stadt. Hätte er nur eine kleine Unterstützung von den Bürgern der Stadt gehabt, so hätte er Bayazid mit Gewalt aus der Stadt getrieben. Nun aber erkannte er, daß er keine Hilfe bekäme, und so wollte er fliehen. Er wurde aber gefaßt und vor Bayazid geführt. Dieser sprach zu ihm: »Warum wolltest du mir nicht untertan sein?«, und Karaman antwortete: »Weil ich ein Herr bin wie du.« Bayazid erzürnte darüber sehr und rief dreimal, daß sich einer des Karaman bemächtigen solle. Erst beim dritten Mal kam einer, überwältigte Karaman und führte ihn ein Stück weit nach hinten. Dann köpfte er ihn und kehrte zu Bayazid zurück. Der fragte ihn, was er mit Karaman gemacht habe, worauf er antwortete: »Ich habe ihn geköpft.« Da wurde Bayazid zornig und verlangte, daß man mit diesem Mann genauso verfahre, wie er mit Karaman verfahren sei. Man führte ihn an den Ort, an dem er Karaman geköpft hatte und enthauptete ihn ebenfalls. Das geschah, damit sich so schnell keiner mehr unterstehe, einen mächtigen Herrn zu töten, denn Bayazid meinte, man müsse warten, bis einem Herrn der Zorn vergehe.

Danach ordnete der König an, Karamans Haupt auf einen Spieß zu stecken und es daran herumzuzeigen, damit die anderen in der Stadt, wenn sie hörten, daß ihr Herr getötet wurde, sich desto eher ergeben würden. Schließlich besetzte er die Stadt Konia mit eigenen Männern und zog vor die Hauptstadt Karanda. Die dortigen Einwohner ließ er wissen, daß er ihr Herr sei und sie sich ergeben sollten. Falls sie nicht gehorchten, würde er sie mit dem Schwert dazu zwingen. Da schickten die Bürger die vier vornehmsten heraus und baten ihn, er möge sie an Leib und Gut verschonen. Sie machten ihm auch noch folgenden Vorschlag: Wenn ihr Herr tatsächlich tot sei, so habe er doch noch zwei Söhne in der Stadt und Bayazid solle einen von ihnen als Herrn der Stadt einsetzen. Ginge er darauf ein, so wollten sie ihm die Stadt übergeben. Bayazid antwortete, daß er ihnen Leib und Gut sichern wolle; wenn er sich aber der Stadt bemächtige, dann würde er ihnen wohl einen Herrn einsetzen, entweder einen Sohn des Karaman oder einen seiner eigenen. So schieden sie voneinander. Als aber die Bürger die Antwort des Bayazid vernahmen, wollten sie ihm die Stadt nicht übergeben, sondern sprachen: Wenn nun ihr Herr schon tot sei, so habe er doch Söhne hinterlassen, und mit ihnen wollten sie genesen oder sterben. Sie setzten sich gegen den König fünf Tage lang zur Wehr, und als er ihren Widerstand sah, schickte er nach mehr Soldaten, ließ Büchsen bringen und Schanzarbeiten ausführen.

Karamans Söhne und auch ihre Mutter erfuhren davon und ließen daraufhin die besten Bürger zu sich rufen und sprachen zu ihnen: »Ihr seht wohl, daß wir euch nicht führen können, weil Bayazid mächtiger ist. Wenn ihr unseretwegen verderben solltet, so wäre uns das leid und wir möchten euch das nicht antun. Deshalb sind wir mit unserer Mutter übereingekommen, daß wir uns in seine Gnade ergeben wollen.« Das gefiel den Bürgern sehr gut. So nahmen die Söhne des Karaman ihre Mutter und die angesehensten Bürger der Stadt zu sich, öffneten das Tor und gingen hinaus. Als sie sich dem Heer näherten, nahm die Mutter an jede Hand einen Sohn und ging zu Bayazid. Sowie dieser seine Schwester mit ihren

Söhnen sah, trat er aus dem Zelt und ging ihnen entgegen. Sie fielen vor ihm nieder, küßten ihm die Füße, baten ihn um Gnade und übergaben ihm den Schlüssel der Stadt. Da befahl der König den Edlen, die bei ihm waren, sie aufzuheben. Danach nahm er die Stadt ein und setzte einen seiner Herren als Herrscher ein. Seine Schwester aber und ihre beiden Söhne schickte er in seine Hauptstadt Brusa.

Kapitel 5

Wie Bayazid den König von Sebast vertrieb

Es gab einen Landesherrn namens Mirachamad, der seinen Sitz in der Stadt Amasia hatte, welches die Hauptstadt des Landes Marsuang war. Dieses Land stieß an das des Karaman.

Als nun dieser Mirachamad hörte, daß Bayazid das Land des Karaman erobert hatte, sandte er Boten zu ihm und bat ihn, zu kommen und den König von Sebast[20], Burhaneddin, aus dem Land zu treiben, da er ohne Recht dort sei, er ihn aber nicht bezwingen könne. Er wolle ihm das Land überlassen, wenn er ihm in seinem Reich ein anderes gebe.

Daraufhin schickte Bayazid ihm seinen Sohn Machamet[21] mit dreißigtausend Mann. Damit vertrieben sie den König Burhaneddin gewaltsam aus dem Land.

Dann überantwortete Mirachamad zum Dank nicht nur die Stadt, sondern auch das ganze Land dem Bayazid, und dieser gab es seinem Sohn Machamet, da es dessen erste Schlacht war und er aus diesem Kampf siegreich hervorgegangen war.

Mirachamad aber nahm Bayazid mit zu sich in sein Reich und gab ihm ein anderes Land.

Kapitel 6

*Der Plan, den sich sechzig von uns Christen
ausdachten*

Als nun Bayazid in seine Hauptstadt zurückkehrte, da berieten wir, etwa sechzig Christen, ob es keine Möglichkeit zur Flucht gebe. Wir trafen eine Übereinkunft und schworen uns gegenseitig, daß wir zusammen sterben oder frei sein wollten, und vereinbarten einen Zeitpunkt, für den jeder sich bereithalten sollte. Zu dieser Zeit kamen wir zusammen und wählten zwei aus unserer Mitte zu Anführern. In allem, was sie befehlen oder tun würden, sollten wir ihnen gehorchen.

So brachen wir nach Mitternacht auf und ritten auf ein Gebirge zu, das wir bei Tagesanbruch erreichten. Am Fuße des Gebirges angekommen, stiegen wir ab und ließen die Pferde rasten, bis die Sonne aufgegangen war. Dann saßen wir wieder auf und ritten den ganzen Tag und die ganze Nacht durch. Als der König von unserer Flucht hörte, schickte er uns fünfhundert Reiter nach und befahl, daß man uns, wenn wir gefunden würden, fangen und vor ihn bringen solle. In einem Engpaß holten sie uns ein und riefen uns zu, wir sollten uns ergeben. Dazu waren

wir nicht gewillt, und so stiegen wir von den Pferden, setzten uns zu Fuß zur Wehr und schossen eine Weile aufeinander. Als ihr Anführer sah, daß wir uns wehrten, trat er vor und verkündete einen einstündigen Waffenstillstand. Den hielten wir. Er kam zu uns und bat, uns doch gefangen zu geben, er wolle für unser Leben garantieren. Wir sagten, daß wir uns beraten wollten, und das taten wir dann auch. Dann antworteten wir: »Wir wissen sehr wohl, daß wir, falls wir gefangen werden, sterben müssen, sobald wir vor den König kommen. Da ist es besser, wir sterben hier im Kampf um unseres christlichen Glaubens willen.« Als der Hauptmann erkannte, wie fest entschlossen wir waren, sprach er uns nocheinmal zu, uns zu ergeben. Er gab uns sein Wort darauf, daß wir am Leben bleiben sollten. Wenn der König erzürnt sei und uns töten lassen wolle, so werde er sich als erster töten lassen. Das versprach er uns mit einem Eid, und wir gaben uns gefangen.

Er führte uns vor den König, der befahl, uns auf der Stelle zu töten. Da trat der Hauptmann unserer Verfolger vor, kniete vor dem König nieder und sprach: »Ich war mir Eurer Gnade sicher und habe ihnen das Leben versprochen.« Er bat ihn, uns das Leben zu schenken, da er uns dies mit einem Eid versprochen habe. Der König fragte: »Haben sie Schaden angerichtet?«, und er antwortete: »Nein.« Dann ließ der König uns in Ketten legen. Wir waren neun Monate eingekerkert, und in dieser Zeit starben zwölf von uns. Am Ostertag der Heiden bat des Königs Ältester, Emir Suleiman, für uns. Der König ließ uns frei und befahl uns zu sich. Wir mußten ihm versprechen, keine Fluchtversuche mehr zu unternehmen, dann gab er uns wieder Pferde und erhöhte unseren Sold.

Kapitel 7

Wie Bayazid die Stadt Samson eroberte

Im Sommer darauf zog Bayazid mit achtzigtausend Mann in das Land Tsanika und belagerte die Hauptstadt Samson[22]. Diese Stadt ist von Samson dem Starken erbaut worden und nach ihm benannt. Der Herrscher der Stadt hieß nach dem Land Simaid[23]. Der König vertrieb diesen Herrscher aus der Stadt, und als die Bevölkerung hörte, daß er vertrieben sei, da ergab sie sich dem Bayazid. Der besetzte Stadt und Land mit eigenen Leuten.

Kapitel 8

Von Schlangen und Nattern

Zu der Zeit, als ich bei Bayazid war, ereignete sich in der Stadt Samson ein aufsehenerregendes Wunder. Vor der Stadt gab es so viele Schlangen und Nattern, daß sie die Ebene vor der Stadt in einem Umkreis von einer Meile sozusagen belagerten. Tsanika, zu dem Samson ja gehört, ist ein holzreiches Land mit viel Wald. Ein Teil der Schlangen kam aus diesen Gebieten, der andere kam aus dem Meer. Die Schlangen sammelten sich neun Tage lang, ehe sie miteinander kämpften. Aus Angst vor dem Gewürm getraute sich niemand aus der Stadt hinaus, obwohl sie weder unter den Tieren noch unter den Menschen einen Schaden anrichteten. So befahl der Herrscher über Stadt und Land, man solle auch den Schlangen nichts antun, denn, so meinte er, dies sei ein vom allmächtigen Gott verhängtes Zeichen. Am zehnten Tag also trafen die Schlangen aufeinander und kämpften vom Morgen bis zum Sonnenuntergang miteinander. Als der Herrscher und das Volk von Samson das sahen, ließ er ein Tor öffnen, ritt mit einer kleinen Schar vor die Stadt und beobachtete die Schlacht der Schlangen. Er sah, wie die Wasserschlangen denen aus den

Wäldern weichen mußten. Am anderen Morgen ritt der Herrscher wieder vor seine Stadt, um nachzusehen, ob das Gewürm noch da sei. Er fand aber nur noch tote Schlangen. Die ließ er zusammentragen und zählen. Es waren achttausend. Er befahl, eine Grube auszuheben, ließ alle Schlangen hineinwerfen und mit Erde zudecken. Dann schickte er Boten zu Bayazid, der zu dieser Zeit Herrscher der Türken war, und ließ ihm von dem Wunder berichten.

Der hielt dies für einen großen Glücksfall, gerade als ob er die Stadt aufs neue erobert hätte. Er freute sich sehr, daß die Holznattern die Seeschlangen besiegt hatten, und sprach: »Das ist ein Zeichen des allmächtigen Gottes, und ich hoffe als ein mächtiger Herr und König eines Landes ganz nahe am Meer, daß ich mit der Hilfe des allmächtigen Gottes auch ein mächtiger Herrscher und König des Meeres werde.«

Samson sind eigentlich zwei gegnerische Städte, deren Stadtmauern etwa einen Bogenschuß voneinander entfernt liegen. In der einen Stadt leben Christen, damals Italiener aus Genua, in der anderen Heiden, denen das umliegende Land gehört. Herr über Stadt und Land war damals ein Herzog Sisman, der aus dem mittleren Bulgarien stammte. Das wiederum war damals ein Land mit dreihundert Burgen und Städten, und die Hauptstadt war Ternowa. Dieses Land hatte Bayazid erobert und den Herzog und seinen Sohn gefangengenommen. Der Vater starb in der Gefangenschaft, sein Sohn bekehrte sich, damit man ihn am Leben ließ, zum heidnischen Glauben. Und da Bayazid Samson und auch Tsanika erobert hatte, gab er ihm diese Stadt und das Land auf Lebzeiten für sein verlorenes Vaterland.

Kapitel 9

Wie die Heiden mit ihrem Vieh im Winter und im Sommer auf den Weiden bleiben

In den Ländern der Heiden ist es Brauch, daß viele Herren mit ihren Viehherden im Land herumziehen. Kommen sie dann in eine Gegend, in der es gute Weiden gibt, so erstehen sie das Weiderecht vom Herrscher über dieses Land.

Es gab einen türkischen Herren Otman, der mit seinen Herden im Land herumzog und eines Sommers auch in das Land Sebast, dessen Hauptstadt ebenso heißt, kam. Er bat den König von Sebast, Burhaneddin, ihm einen Weidegrund zu überlassen, so daß er und sein Vieh sich den Sommer über ernähren könnten. Der König gab ihm ein Stück Land, auf dem er sich mit seinem Gesinde und seinen Herden den Sommer über niederließ. Im Herbst aber brach Otman mit seinem Hab und Gut auf und zog, ohne des Königs Wissen und Erlaubnis, wieder heim in sein eigenes Land. Als der König das vernahm, wurde er sehr zornig, nahm sich tausend Mann, zog zu den Weiden, auf denen Otman den Sommer über gewesen war, und schlug dort ein Lager auf. Dem Otman aber sandte er viertausend Reiter nach und befahl, man solle ihm diesen lebendig und mit allem Hab und Gut bringen.

Als Otman vernahm, daß ihm der König Reiter nachgeschickt habe, da versteckte er sich im Gebirge, und seine Verfolger konnten ihn nicht finden. Da lagerten sie auf einer Ebene vor dem Gebirgszug, wohin Otman sich zurückgezogen hatte. Sie blieben die Nacht über dort, ohne aber besonders auf den Gegner zu achten. Bei Tagesanbruch wählte dieser tausend seiner besten Reiter und kundschaftete den Feind aus. Als er sah, daß sie, ohne Wachen aufzustellen, ganz sorglos lagerten, da fiel er über sie her und überrumpelte sie, so daß sie sich gar nicht zur Wehr setzen konnten. Viele von ihnen wurden dabei erschlagen, der Rest flüchtete.

Als man dem König berichtete, wie der Otman seine Verfolger überwunden hatte, wollte er es gar nicht glauben, sondern hielt es für ein Gerücht, bis ihn einige Flüchtlinge erreichten. Selbst dann konnte er es nicht glauben und sandte hundert Reiter aus, die dies nachprüfen sollten. Otman aber zog schon mit seinem Volk gegen den König, und als er die hundert Reiter sah, da sprengte er los und erreichte gleichzeitig mit ihnen das Heer. Der König und seine Männer erkannten, daß sie überrumpelt worden waren, und da keine Möglichkeit zur Gegenwehr blieb, wandten sie sich zur Flucht. Selbst dem König blieb nichts anderes übrig, als sein Pferd zu besteigen und ins Gebirge zu fliehen. Ein Krieger des Otman hatte ihn entdeckt und verfolgte ihn bis an den Fuß des Gebirges. Weiter konnte der König nicht fliehen, und der Verfolger rief ihm zu, er solle sich ergeben, doch er weigerte sich. Der andere spannte seinen Bogen und wollte gerade schießen, als sich der König zu erkennen gab. Er bat ihn, daß er ihn freilasse, dafür wolle er ihm ein Schloß und Land geben. Zum Beweis und Pfand dafür wollte er ihm den Ring, den er am Finger trug, überlassen. Der Reiter des Otman aber ging nicht auf dieses Angebot ein, sondern nahm den König gefangen und brachte ihn zu seinem Herrn.

Dieser verfolgte den ganzen Tag und noch bis in den Abend hinein das feindliche Heer und tötete viele davon. Dann kehrte er um, schlug an dem Platz, an dem schon das Heer des Königs gelagert hatte, sein Lager auf und sandte nach seinen übrigen Leuten und dem Vieh, die er im Gebirge zurückgelassen hatte. Als sein Volk und das Vieh nachgekommen waren, nahm er den König und zog mit allen vor die Hauptstadt Sebast, wo er sein Lager aufschlug. Er sandte Botschaft in die Stadt, daß er ihren König gefangen habe; wenn man ihm die Stadt übergebe, dann würde er ihnen Frieden und Sicherheit gewähren. Die Bürger der Stadt antworteten: »Hast du auch den König, so haben wir doch seinen Sohn, der genügt uns als Herrscher, denn du bist uns als Herr zu schwach.« Da redete Otman mit dem König und sagte zu ihm: »Wenn dir dein Leben lieb ist, dann überrede die Bürger, mir die Stadt zu übergeben.« Der König antwortete: »Bring mich vor die Stadt, dann will ich es versuchen.« Als man ihn zur Stadt brachte, bat er die Bürger, ihn vom Tod zu erlösen und dem Otman die Stadt zu übergeben. Sie aber antworteten: »Wir wollen dem Otman die Stadt nicht übergeben, denn er erscheint uns als Herrscher zu schwach. Und da du nicht mehr unser Herr sein kannst, nehmen wir deinen Sohn, der soll unser Herrscher sein.« Als Otman dies hörte, wurde er sehr zornig. Sowie der König davon erfuhr, bat er, ihm das Leben zu schenken. Dafür sollte Otman die Stadt Cäsarea mit allem Land, das dazugehörte, erhalten. Otman aber ging nicht darauf ein, sondern ließ den König, von der Stadt aus gut sichtbar, köpfen und vierteilen. Jeder Teil wurde auf sein Geheiß an eine Stange gesteckt, die vor der Stadt aufgestellt wurde, dazu das Haupt auf einem Spieß.

Während der Belagerung der Stadt hatte der Sohn des Königs Boten zu seinem Schwager, einem mächtigen Herren in der weißen Tatarei, geschickt und ihn um Hilfe gebeten, da Otman seinen Vater getötet habe, die Stadt belagere und ein großes Heer vor der Stadt versammelt habe. Sowie der Schwager dies vernahm, versammelte er sein Volk mit Frauen und Kindern sowie seine Herden. Auch dort ist es Sitte, mit dem Vieh auf der Suche nach Weidegründen umherzuziehen. Er hatte sich entschlossen, nach Sebast zu gehen und das Land vor Otman zu retten.

Sein Stamm war ohne Frauen und Kinder etwa vierzigtausend Mann stark.

Als Otman erfuhr, daß der Tatarenfürst nahte, brach er mit seinem ganzen Volk auf, zog ins Gebirge und ließ sich dort nieder. Der Tatarenherrscher schlug sein Lager vor der Stadt auf. Sobald Otman das wußte, nahm er sich fünfzehnhundert Mann und teilte sie in zwei Abteilungen ein. Bei Einbruch der Dunkelheit ließ er sie an zwei Orte marschieren und ein großes Geschrei vollführen. Als der tatarische Herr das hörte, fürchtete er, überwunden zu werden und wich in die Stadt zurück. Sowie aber seine Leute das erfuhren, wandten auch sie sich zur Flucht. Otmann verfolgte sie, tötete viele von ihnen und eroberte eine große Menge ihrer Habe. Die Tataren kehrten in ihr Land zurück, und Otman verzog sich mit seinen Leuten, dem eroberten Vieh und den Gütern wieder in die Berge. Noch ehe der Tag anbrach, saß der Tatarenfürst auf und ritt seinen Leuten nach, um sie zur Rückkehr zu bewegen. Doch sie widersetzten sich, und so zog er wieder heim.

Otman aber lagerte erneut vor der Stadt und bot ihr an, falls sie sich ergebe, wolle er das, was er versprochen habe, einhalten. Doch die Bürger weigerten sich immer noch. Sie sandten Boten zu Bayazid und baten ihn, er möge kommen und Otman aus dem Land vertreiben. Dafür wolle sich die Stadt ihm unterwerfen. Bayazid schickte seinen ältesten Sohn mit zwanzigtausend Reitern und viertausend Fußsol-

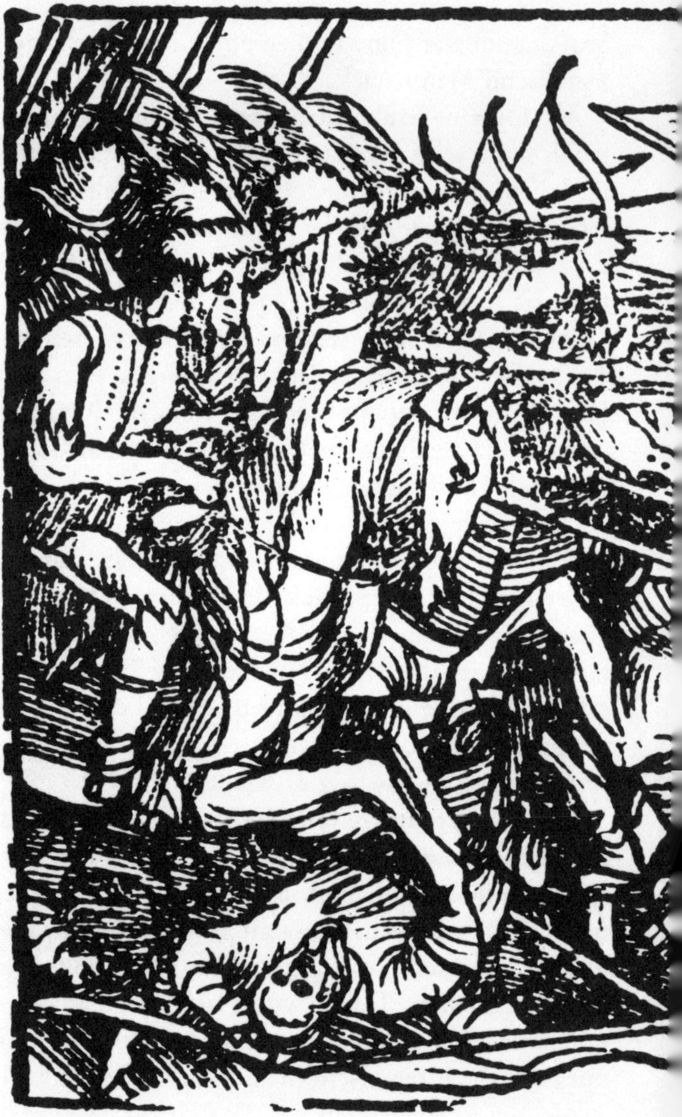

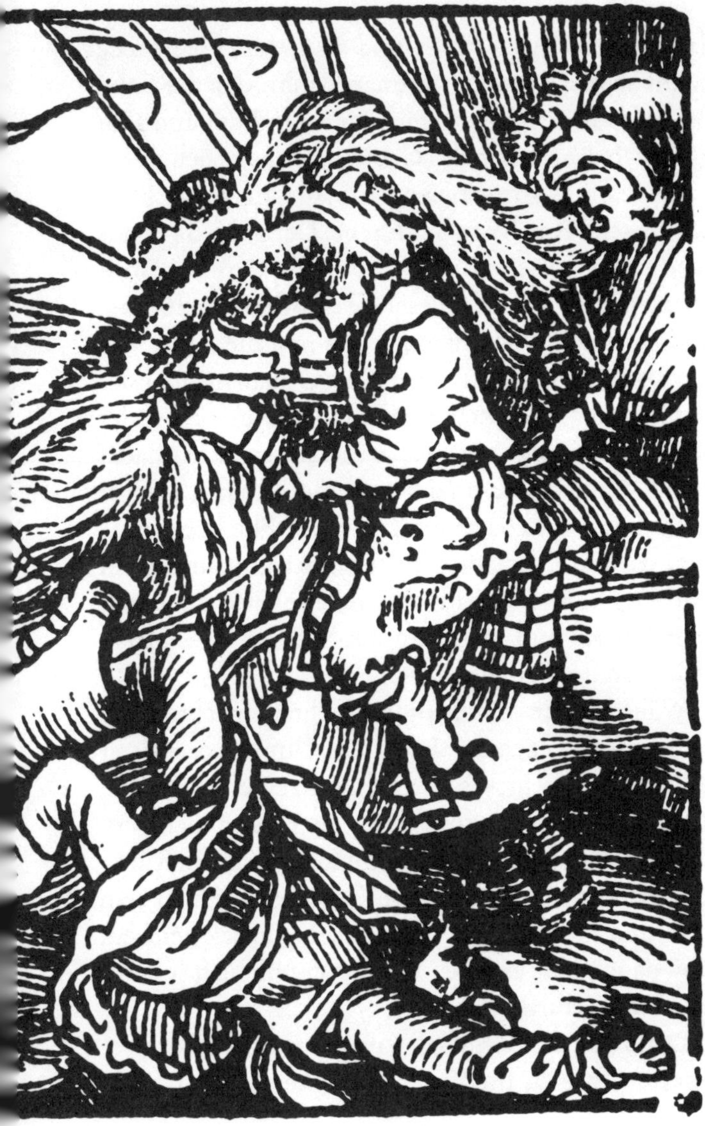

daten der Stadt zu Hilfe, und an diesem Heereszug nahm auch ich teil. Als Otman erfuhr, daß der Sohn Bayazids heranziehe, schickte er sein Hab und Gut und auch das Vieh in das Gebirge, in das er sich zuvor schon einmal zurückgezogen hatte. Er selbst blieb mit tausend Reitern in der Ebene. Der Sohn Bayazids sandte zweitausend Reiter voraus, um Otman ausfindig zu machen. Sowie dieser sie entdeckte, griff er an, und sie fochten miteinander. Als nun die Leute von Bayazids Sohn erkannten, daß sie Otman nicht besiegen konnten, schickten sie um Hilfe. Nun rückte der Sohn des Königs mit seiner gesamten Streitmacht heran. Nachdem Otman ihn entdeckt hatte, griff er auch ihn an und hätte ihn fast in die Flucht geschlagen, da das Heer noch nicht vollständig aufgestellt war. Der Sohn Bayazids aber feuerte seine Leute mit Schreien an und eröffnete den Kampf. Die Heere trafen dreimal aufeinander.

Während sie miteinander fochten, rückten die Fußtruppen gegen das Lager des Otman vor. Als er davon hörte, schickte er vierhundert Reiter zurück, die mit Hilfe der Lagerwachen die Fußtruppen wieder vertrieben. Mittlerweile mußte Otman ein Rückzugsgefecht führen und zum Gebirge, wohin er sein Hab und Gut hatte bringen lassen, zurückweichen. Von da schickte er einen Vermittler und hielt solange vor dem Gebirge.

Dann zog der Sohn des Bayazid vor die Stadt. Die Bürger öffneten die Tore, ritten heraus und baten ihn, von der Stadt Besitz zu ergreifen. Das wollte der Sohn aber nicht, sondern er schickte nach seinem Vater, damit er käme und die Stadt und das Land einnehme. Dieser kam mit einhundertfünfzigtausend Mann und besetzte die Stadt und das ganze Land. Er setzte seinen Sohn Machmet und nicht den, der Otman vertrieben hatte, als König ein.

Kapitel 10

Wie Bayazid dem Sultan ein Land abgewann

Als Bayazid seinem Sohn das Königreich überantwortet hatte, schickte er eine Botschaft an den Sultan[24] wegen der Stadt Malatia[25] und wegen des Landes, das zu der Stadt gehörte. Denn beides gehörte zum obengenannten Königreich und unterstand dem Sultan. Da Bayazid ja das Königreich erobert hatte, begehrte er vom Sultan die Stadt Malatia und das dazugehörige Land. Der antwortete, er habe Stadt und Land mit dem Schwert erobert und wer beides besitzen möchte, der müsse es ebenfalls mit dem Schwert gewinnen. Als Bayazid diese Antwort vernahm, zog er mit zweihunderttausend Mann in das Land und vor die Stadt und belagerte sie zwei Monate lang. Da er erkannte, daß die Einwohner sich nicht ergeben würden, ließ er die Gräben auffüllen, schloß die Stadt mit seinem Heer ein und ließ sie bestürmen. Nun flehten die Bürger um Gnade und ergaben sich. Er aber eroberte und besetzte Stadt und Land.

Zur selben Zeit hatten die weißen Tataren eine Stadt des Bayazid, Angora[26], belagert. Als er davon erfuhr, sandte er seinen ältesten Sohn mit zweiunddreißigtausend Mann dorthin. Der schlug zwar eine Schlacht, mußte aber schließlich weichen und kehrte zum Vater zurück. Dieser gab ihm mehr Soldaten und schickte ihn erneut dahin. So kämpfte der Sohn wieder gegen die Tataren, und diesmal siegte er, nahm den Tatarenfürsten und zwei Landesherren gefangen und führte sie vor seinen Vater. Damit ergaben sich die weißen Tataren dem Bayazid, und er setzte einen neuen Herren über sie ein. Die drei Gefangenen nahm er mit sich in seine Hauptstadt. Von dort zog er vor die Stadt Adalia[27], die dem Sultan unterstellt war. Sie liegt nicht weit entfernt von Zypern. In dem umliegenden Land werden nur Kamele und kein anderes Vieh gezüchtet. Als Bayazid diese Stadt mit dem dazugehörigen Land eroberte, schenkte man ihm zehntausend Kamele. Er besetzte Stadt und Land und zog mit den Kamelen zurück in sein eigenes Land.

Kapitel 11

Vom Sultan

Zu dieser Zeit starb der Sultan Barquq, und sein Sohn, Joseph[28] genannt, wurde König. Doch ein Diener seines Vaters kämpfte mit ihm um das Königreich. Joseph versöhnte sich mit Bayazid und bat ihn um Hilfe. Der schickte ihm zwanzigtausend Mann. Dieser Hilfstruppe gehörte auch ich an. So konnte Joseph seinen Gegner mit Gewalt vertreiben und wurde ein mächtiger König. Danach erzählte man ihm, daß fünfhundert seiner Untergebenen sich gegen ihn verschworen und mit dem Feind zusammengearbeitet hätten. Diese wurden gefangengenommen und auf einen Platz geführt. Dann befahl der König, daß man sie mitten entzwei schlage. Wir aber zogen wieder zurück zu unserem Herren Bayazid.

Kapitel 12

Wie Tämerlin das Königreich Sebast gewann

Als König Bayazid wie oben beschrieben den Otman von Sebast vertrieben hatte, zog dieser zu seinem Herrn Tämerlin[29], dessen Untertan er war, und führte dort Klage über Bayazid. Er berichtete, wie er das Königreich Sebast hatte erobern wollen und wie ihn Bayazid daraus vertrieben habe. Er bat Tämerlin, ihm zu dem Königreich zu verhelfen. Dieser antwortete, er werde zu Bayazid schicken und es zurückfordern. So geschah es auch. Bayazid antwortete, daß er das Königreich nicht mehr zurückgeben werde, da er es im Kampf gewonnen und somit das gleiche Recht habe, dort zu sein, wie Otman.

Als Tämerlin das hörte, versammelte er zehnmal hunderttausend[30] Mann, zog nach Sebast und belagerte es einundzwanzig Tage lang. An einigen Stellen wurde die Stadtmauer untergraben, und so gelang es, die Stadt zu erobern, obwohl Bayazid fünftausend Bewaffnete als Schutz zurückgelassen hatte. Diese wurden alle lebendig begraben, und zwar aus folgendem Grund: Als Tämerlin die Stadt erobert hatte, bat ihn der Hauptmann der Besatzungstruppe, er möge ihr Blut nicht vergießen. Das versprach ihm Tämerlin, und deshalb wurden alle lebendig begraben. Dann ließ er die Stadt niederreißen, nahm die Bevölkerung gefangen und führte sie in sein Land. Darunter waren auch neuntausend Jungfrauen, die Tämerlin gefangennehmen und in seine Heimat bringen ließ. Bei der Eroberung hatte er etwa dreitausend Mann verloren. So zog er zurück in sein Land.

Kapitel 13

Wie Bayazid Kleinarmenien eroberte

Sobald Tämerlin in sein Reich zurückgekehrt war, sammelte Bayazid ein Heer von dreihunderttausend Mann, zog nach Kleinarmenien[31] und jagte es Tämerlin ab. Er besiegte die Hauptstadt Ersingen[32] und ihren Herrscher Taratan. Dann kehrte er in sein Land zurück.

Als Tämerlin erfuhr, daß Bayazid das genannte Land erobert hatte, zog er mit sechzehnhunderttausend Mann gegen ihn ins Feld. Bayazid sammelte daraufhin vierzehnhunderttausend Mann und zog ihm entgegen. Bei der Stadt Angora trafen die Heere aufeinander und kämpften verbissen miteinander. Bayazid hatte etwa dreißigtausend der weißen Tataren in der vordersten Reihe aufgestellt. Die liefen aber zu Tämerlin über. Die Gegner hatten noch zwei Treffen, ohne daß einer den anderen hätte zurückdrängen können. Tämerlin hatte auch zweiunddreißig Kampfelefanten bei sich, die nun auf seinen Befehl in den Kampf geführt wurden. Bayazid aber wandte sich zur Flucht und zog sich mit etwa tausend Reitern in ein Gebirge zurück. Da umzingelte Tämerlin den ganzen Berg, so daß er nicht entkommen konnte, und nahm ihn gefangen.[33] Danach war Tämerlin acht Monate im Land, eroberte und besetzte es völlig und zog schließlich in die Hauptstadt des Bayazid ein, wobei er ihn gefangen mit sich führte. Er nahm von dessen Schätzen an Silber und Gold soviel, wie tausend Kamele tragen konnten. Er wollte ihn sogar in seine Heimat mitnehmen, doch starb Bayazid auf dem Weg dorthin.[34]

So wurde ich der Gefangene des Tämerlin und mußte mit in sein Land ziehen. Danach ritt ich in seinem Gefolge. Alles was ich bisher berichtete, hat sich in der Zeit ereignet, als ich bei Bayazid gewesen bin.

Kapitel 14

Der Krieg Tämerlins gegen den Sultan

Nachdem Tämerlin also Bayazid besiegt hatte und in sein Reich zurückgekehrt war, begann er einen Krieg gegen den Sultan, der als das Oberhaupt aller Heiden[35] angesehen wurde. Dazu versammelte er ein Heer von zwölfhunderttausend Mann und zog damit in das Reich des Sultans. Dort lagerte er vor Aleppo, einer Stadt, die vierhunderttausend Häuser hat. Der Statthalter von Aleppo sammelte achtzigtausend Mann, verließ mit ihnen die Stadt und lieferte dem Tämerlin ein Gefecht. Er konnte aber nichts erreichen und flüchtete sich wieder hinter die Stadtmauern. Bei diesem Rückzug waren aber viele seiner Männer getötet worden. Trotz heftiger Gegenwehr konnte Tämerlin vier Tage später die Vorstadt erobern. Alle Gefangenen, die er dabei machte, mußten einen Graben ausheben, und an vier Stellen ließ er ihn mit Holz und Unrat auffüllen. Der Graben wurde zwölf Klafter tief in harten Fels gehauen. Dann stürmte er die Stadt, eroberte sie und nahm den Statthalter gefangen. Er beschlagnahmte alle Habe in der Stadt und zog dann weiter vor eine andere Stadt, die Urumhala[36] hieß. Die ergab sich, worauf er weiterzog nach Anthap. Dieser Ort wurde neun Tage lang belagert, am zehnten gelang die gewaltsame Einnahme. Nach der Plünderung von Anthap zog das Heer weiter nach Behesna[37]. Hier dauerte die Belagerung fünfzehn Tage. Dann ergab sich die Stadt und wurde besetzt. Alle genannten Städte sind wichtige Orte Syriens. Das Heer kam schließlich nach Damaskus, der eigentlichen Hauptstadt des Landes.

Als der Sultan hörte, daß der Feind schon vor Damaskus liege, sandte er Boten zu Tämerlin und bat ihn, die Stadt nicht zu zerstören und vor allem den Tempel in der Stadt zu verschonen. Tämerlin gewährte diese Bitte und zog weiter. Der Tempel der Stadt ist so groß, daß er nach außen hin vierzig Tore hat. Im Innern hängen zwölftausend Lampen, von denen täglich neuntausend brennen. An jedem Freitag aber brennen alle zwölftausend. Von diesen Lampen sind viele aus Gold und Silber; Könige und andere mächtige Fürsten ließen sie anfertigen.

Nachdem Tämerlin von Damaskus wieder abgezogen war, rückte der Sultan mit dreißigtausend Mann aus Chorchei[38], seiner Hauptstadt, aus. Er meinte, dem Tämerlin schaden zu können, und sandte zwölftausend Mann nach Damaskus. Als Tämerlin das vernahm, zog er dem Sultan entgegen, worauf der sich wieder in seine Hauptstadt zurückzog. Tämerlin aber folgte ihm nach. Nun ließ der Sultan an jedem Lagerplatz morgens vor dem Weitermarsch die Wasserstellen und die Weiden vergiften.

Und jedesmal, wenn Tämerlin an diese Plätze kam, hatte er unter seinen Leuten und unter seinem Vieh große Verluste und konnte so den Sultan nicht einholen. Da machte Tämerlin kehrt und marschierte zurück nach Damaskus, das er drei Monate lang belagerte. Obwohl an jedem Tag in diesen drei Monaten ein Kampf stattfand, konnte er es nicht einnehmen.

Wie nun aber die zwölftausend Mann in der Stadt sahen, daß sie von ihrem Herrscher keine Unterstützung erhielten, da verlangten sie freies Geleit von Tämerlin, was er auch gewährte, und so zogen sie nachts aus der Stadt und kehrten zu ihrem Herrn zurück. Danach stürmte Tämerlin die Stadt und eroberte sie. Nach der Einnahme kam der Kadhi, was in etwa einem Bischof entspricht, zu Tämerlin, fiel vor ihm nieder und flehte für sich und seine Priester um Gnade. Tämerlin befahl ihm, sich mit den Priestern im Tempel zu versammeln. Der Kadhi nahm also seine Priester mit Frauen und Kindern und ging in den Tempel. Auch viele andere Leute gingen hin, da sie sich dort Schutz erhofften. Man zählte, Alte und Junge zusammen, dreißigtausend Menschen. Tämerlin hatte angeordnet, daß man, sobald der Tempel voll sei, die Türen schließe. Dies geschah. Dann ließ er um den Tempel herum Holz aufschichten und befahl, es anzuzünden. So kamen alle im Tempel um. Außerdem befahl er jedem seiner Leute, ihm den Kopf eines Mannes zu bringen. Auch das geschah und dauerte insgesamt drei Tage. Aus allen Köpfen ließ er drei Türme aufschichten und zerstörte dann die Stadt. Dann zog er weiter in das Land Scherch, in dem nur Viehzucht betrieben wird und das sich sogleich ergab. Er befahl den Einwohnern, ihm Nahrungsmittel zu bringen, da seine Leute draußen vor der Stadt großen Hunger hätten. Dann besetzte er das Land und die Städte und kehrte endlich heim in sein Reich.

Kapitel 15

Wie Tämerlin Babylon eroberte

Nachdem Tämerlin aus des Sultans Land heimgekehrt war, sammelte er alsbald ein Heer von zehnhunderttausend Mann und zog nach Babylon[39]. Als der dortige König davon hörte, ließ er die Stadt besetzen und verließ sie dann. Tämerlin schlug sein Lager vor der Stadt auf und belagerte sie einen ganzen Monat lang. In dieser Zeit untergrub er die Stadtmauer. So konnte er die Stadt einnehmen und ließ sie niederbrennen. An der Stelle, wo die Stadt gestanden hatte, ließ er umpflügen und Gerste säen, denn er hatte geschworen, die Stadt so gründlich niederzureißen, daß niemand mehr sagen könnte, ob an dieser Stelle Häuser gestanden hätten oder nicht.

Danach zog er vor eine Festung, die in einem Fluß lag. In ihr bewahrte der König seinen Schatz auf, und solange die Festung von Wasser umgeben war, konnte ihr Tämerlin nichts anhaben. So grub er das Wasser ab. Dabei fand er drei Bleitruhen, gefüllt mit Silber und Gold. Jede war zwei Klafter lang und einen breit. Die hatte der König dort versenkt, damit ihm, sollte die Festung erobert werden, wenigstens das Gold bliebe. Tämerlin nahm diese Truhen und eroberte dann die Feste. Er fand dort fünfzehn Männer, die er alle aufhängen ließ, und nochmals vier Truhen voller Gold und Silber, die er auch mitnahm. Er eroberte noch drei andere Städte, doch dann begann der Sommer, so daß er wegen der Hitze nicht im Lande bleiben konnte.

Kapitel 16

Wie Tämerlin Kleinindien eroberte

Nach der Rückkehr von Babylon gebot Tämerlin allen seinen Leuten, sich in vier Monaten bereitzuhalten, denn dann wolle er nach Kleinindien[40] ziehen. Von seiner Hauptstadt bis dorthin ist eine viermonatige Reise notwendig. Nachdem die angegebene Zeit verstrichen war, machte er sich mit einem Heer von vierhunderttausend Mann auf den Weg nach Kleinindien. Dabei zog er durch eine Wüste, wozu er zweiundzwanzig Tagesreisen benötigte und wobei großer Wassermangel herrschte. Dann erreichte das Heer ein Gebirge, dessen Durchquerung acht Tage in Anspruch nahm. In diesem Gebirge gibt es ein Wegstück, wo man die Pferde und Kamele auf Bretter binden und an Seilen hinablassen mußte. Daraufhin kamen sie in eine tiefe Schlucht, in der selbst bei Tageslicht einer den anderen nicht erkennen konnte. Diese Schlucht ist eine halbe Tagesreise lang, und danach kommt ein hohes Gebirge, durch das man drei Tage und drei Nächte marschierte. Schließlich kommt man auf eine schöne Ebene, die sich vor der Hauptstadt des Landes ausbreitet.

Vor dieser Stadt, am Fuße des bewaldeten Gebirges, schlug Tämerlin mit seinem Gefolge das Lager auf und sandte an den König des Landes folgende Botschaft: »Miri temiri gilden«, was soviel bedeutet wie: »Ergib dich, der Fürst Tämerlin ist gekommen.« Als der König diese Botschaft vernahm, ließ er antworten, er wolle sich mit Tämerlin mit dem Schwert unterhalten. Danach machte er sein Heer bereit und zog ihm mit vierhunderttausend Mann und vierhundert zum Kampf abgerichteten Elefanten entgegen. Auf jedem dieser Elefanten war ein turmartiger Aufbau, der mit wenigstens zehn bewaffneten Männern besetzt war. Sobald Tämerlin davon erfuhr, machte auch er sich mit seinem Heer auf den Weg.

Der König hatte seine Elefanten in die vorderste Reihe geschickt, und als die Heere aufeinandertrafen, hätte Tämerlin gerne gefochten, konnte es aber nicht, denn als die Pferde die Elefanten sahen, scheuten sie und wollten nicht weitergehen. So ging es vom Morgen bis gegen Mittag, dann mußte Tämerlin wieder umkehren und sich mit seinen Ratgebern beraten, wie die Elefanten zu besiegen wären. Einer von ihnen, Suleimanschach genannt, riet, man solle Kamele nehmen und Holz auf sie binden. Sobald die Elefanten herannahten, solle das Holz angezündet und die Kamele vorangetrieben werden. Mit dem Feuer und dem Geschrei der Kamele könne man die Elefanten besiegen, denn vor dem Feuer würden sie sich fürchten. Da ließ Tämerlin auf die oben beschriebene Weise zwanzigtausend Kamele vorbereiten. Währenddessen nahte der gegnerische König wieder und voran die Elefanten. Tämerlin zog ihm entgegen, ließ die Kamele vortreiben und das Holz auf ihnen anzünden. Die Kamele erhoben ein fürchterliches Geschrei, und als die Elefanten das hörten und dazu das Feuer sahen, drehten sie um und flohen, und keiner konnte sie aufhalten.

Daraufhin zog Tämerlin mit aller Macht gegen den Feind, und viele der Elefanten wurden erschlagen. Als der König dies bemerkte, zog er sich wieder in die Stadt zurück. Tämerlin verfolgte ihn und belagerte die Stadt zehn Tage lang. In dieser Zeit verhandelte er mit dem König wegen zwei Zentnern indischen Goldes, das besser ist als das arabische, und dieser gab ihm auch viele Edelsteine. Außerdem versprach er, Tämerlin dreißigtausend Mann zu leihen, wohin immer dieser sie fordere. So wurden sie handelseinig. Der König behielt sein Königreich, und Tämerlin kehrte wieder heim und brachte hundert Elefanten und all die Schätze mit, die ihm der König überlassen hatte.[41]

Kapitel 17

Wie ein Fürst dem Tämerlin viele Güter entführte

Aus Kleinindien zurückgekehrt, schickte Tämerlin einen Fürsten mit zehntausend Mann in die Stadt Soltania[42], den Tribut, den das Land zu entrichten hatte, einzutreiben. Man hatte fünf Jahre lang allen Tribut und Zoll aus den Provinzen Persia und Armenia dort gesammelt. Der Beauftragte kam also, sammelte die Abgaben ein und belud damit tausend Wagen. Danach schrieb er an den Fürsten des Landes Massanderan[43], einen Freund, und der kam mit fünfzigtausend Soldaten. Sie verbündeten sich, nahmen die Schätze an sich und brachten sie nach Massanderan.

Als Tämerlin davon erfuhr, schickte er ihnen eine große Streitmacht nach. Die sollte das erwähnte Land erobern und die beiden Fürsten gefangennehmen und vor ihn führen. Als das Heer in Massanderan ankam, konnte es nichts erreichen, denn das Land ist von großen Wäldern umgeben. So wurde eine Botschaft wegen Verstärkung an Tämerlin abgesandt. Der schickte siebzigtausend Mann, um das Holz schlagen und einen Weg bereiten zu lassen. Obwohl sie einen Streifen von zehn Meilen abgeholzt hatten, konnten sie dem Land immer noch nichts anhaben, was sie dem Tämerlin auch berichteten. Der befahl den Rückzug, und so mußten sie unverrichteter Dinge heimkehren.

Kapitel 18

Wie Tämerlin an die siebentausend Kinder töten ließ

Danach zog Tämerlin in das Königreich Hissaphan[44] und lagerte vor der Hauptstadt gleichen Namens. Er forderte, daß sie sich ergebe. Die Bürger unterwarfen sich und zogen ihm mit Frauen und Kindern entgegen. Er nahm sie gnädig auf und besetzte die Stadt mit sechstausend Soldaten. Den Stadtherren Schachister[45] nahm er mit sich und verließ das Land wieder.

Sobald die Bewohner von Hissaphan vernahmen, daß Tämerlin wieder außer Landes sei, schlossen sie die Stadttore und erschlugen die sechstausend Mann der Besatzungstruppe. Als Tämerlin davon erfuhr, kehrte er um, zog wieder vor die Stadt und belagerte sie 15 Tage lang. Da er sie aber nicht erobern konnte, schloß er mit den Bewohnern ein Abkommen. Sie sollten ihm die Schützen, die in der Stadt waren, für einen großen Kriegszug leihen, anschließend wollte er sie ihnen zurückschicken. Sie sandten ihm zwölftausend Schützen; denen ließ er die Daumen abschlagen und schickte sie so in die Stadt zurück. Am anderen Tag nahm er die Stadt mit Gewalt und ritt hinein. Er ließ die Bevölkerung einfangen und alle Männer über 14 Jahre köpfen. Die Knaben unter 14

aber wurden ausgesondert. Aus den abgeschlagen Köpfen wurde mitten in der Stadt ein Turm errichtet. Dann befahl er, Frauen und Kinder auf ein Feld vor der Stadt zu führen. Die Kinder unter sieben Jahren mußten an einer besonderen Stelle versammelt werden, und er befahl seinem Gefolge, sie niederzureiten. Als das seine Ratgeber und auch die Mütter der Kinder hörten, fielen sie ihm zu Füßen und baten ihn, die Kinder nicht töten zu lassen. Er hörte nicht darauf, sondern befahl erneut, über die Kinder hinwegzureiten, doch keiner wollte den Anfang machen. Da geriet er in Zorn, ritt selbst los und sprach: »Nun möchte ich sehen, wer mir nicht nachreiten will.« So mußten sie ihm folgen. Sie ritten zweimal über die Kinder hinweg und zertrampelten alle miteinander. Insgesamt waren es fast siebentausend.[46] Dann wurde die Stadt niedergebrannt. Die Frauen und restlichen Kinder nahm er und führte sie in sein Land. Anschließend begab er sich in seine Hauptstadt Semerchant[47], in der er zwölf Jahre lang nicht gewesen war.

Kapitel 19

*Wie Tämerlin mit dem Großkhan
Krieg führen wollte*

Damals hatte der Großkhan von China[48] dem Tämerlin gerade einen Gesandten mit vierhundert Reitern geschickt und forderte von ihm den Tribut, den er fünf Jahre lang nicht entrichtet hatte. Tämerlin nahm die Gesandtschaft mit sich, bis er in seine Hauptstadt gelangte, dann sandte er sie zu ihrem Herrn zurück und ließ diesem ausrichten, daß er ihm weder zinsbar noch untertänig sein wolle, er hoffe vielmehr, daß der Großkhan ihm zinsbar und untertänig werde. Deshalb werde er persönlich zu ihm kommen.

Daraufhin sandte er Boten in sein ganzes Reich und ließ verkünden, alle sollten sich bereit halten, er wolle nach China ziehen. So versammelte er achtzehnhunderttausend Mann und marschierte einen ganzen Monat lang. Sie kamen dabei in eine Wüste, die siebzig Tagesreisen lang war.[49] Zehn Tage waren sie schon unterwegs und hatten wegen Wassermangels große Verluste unter den Männern. Wegen der Kälte erlitt Tämerlin an Pferden und übrigem Vieh ebenfalls großen Schaden, denn es war in dieser

Gegend sehr kalt. Als er die großen Verluste an Männern und Tieren sah, ließ er umkehren und marschierte in die Hauptstadt zurück. Dort erkrankte er.

Kapitel 20

Tämerlins Tod

Tämerlin hatte aus dreifacher Ursache so viel Ärger und Verdruß, daß er erkrankte und an der Krankheit auch starb. Die erste war die große Schmach, die ihm einer seiner Adeligen antat, als er ihm den Tribut entführte. Die andere entsprang der Tatsache, daß er drei Frauen hatte. Die jüngste, die er ganz besonders liebte, hatte sich, als er auf Kriegszug war, mit einem seiner Fürsten eingelassen. Als Tämerlin heimgekehrt war, sagte ihm seine älteste Frau, daß sich die jüngste mit einem seiner Adeligen vergnüge und ihre Unschuld verloren habe. Doch er konnte es nicht glauben. Seine älteste Frau aber kam zu ihm und sprach: »Geh zu ihr und verlange, daß sie ihre Truhe öffne. Du wirst dort einen Ring mit einem Edelstein sowie Briefe, die er ihr geschrieben hat, finden.« Tämerlin ließ seiner jüngsten Frau mitteilen, er wolle des Nachts zu ihr kommen. Als er in ihr Gemach trat, hieß er sie die Truhe öffnen. Sie tat es, und er fand den Ring und die Briefe. Da setzte er sich zu ihr und fragte, woher der Ring und die Briefe stammten. Sie fiel vor ihm nieder und bat ihn, nicht zu zürnen, denn dies hätte ihr ein Fürst ohne besonderen Grund gesandt. Tämerlin verließ das Gemach und befahl noch zur gleichen Stunde, sie zu köpfen. Und so geschah es auch. Dann sandte er dem Fürsten fünftausend Reiter nach, die ihn gefangennehmen und zu ihm bringen sollten. Dieser wurde aber durch den Anführer der Verfolger gewarnt, und so nahm er fünfhundert Mann und seine Familie und floh in das Land Massanderan. Dort konnte Tämerlin ihn nicht erreichen. Darüber, daß er seine Frau hatte töten lassen und daß der Adelige ihm entwischt war, grämte Tämerlin sich sehr.

So starb er und wurde in seinem Reich mit großem Pomp begraben.[50] Ich will auch mitteilen, daß er noch ein ganzes Jahr lang nachts in seinem Grab jammerte. Die Priester, die das Grabmal bewachten, konnten es deutlich hören. Die Freunde des Königs brachten große Opfer, damit er zu klagen aufhöre, doch es half nichts. Die Priester berieten sich und gingen zu seinem Sohn und baten ihn, er möge all diejenigen, die sein Vater in anderen Ländern gefangengenommen hatte, freilassen, besonders die, die in der Hauptstadt seien. Denn alle Handwerker unter den Gefangenen hatte Tämerlin in die Hauptstadt gebracht, wo sie für ihn arbeiten mußten. Sein Sohn und Nachfolger ließ alle frei. Sowie dies geschehen war, klagte der Tote nicht mehr.

Alles was ich hier berichtet habe, hat sich in den sechs Jahren[51], die ich bei Tämerlin war, genau so ereignet, denn ich habe es selbst erlebt.

Kapitel 21

Die Söhne Tämerlins

Tämerlin hat zwei Söhne hinterlassen. Der ältere hieß Scharoch[52]. Er hatte einen Sohn, dem Tämerlin die Hauptstadt und das dazu gehörige Land vermachte. Seinen beiden Söhnen Scharoch und Miraschach[53] gab er je ein Königreich in Persien und weitere große Länder, die dazu gehörten. Nach Tämerlins Tod kam ich zu seinem Sohn Scharoch, der das Königreich Chorosan[54] von der Hauptstadt Herat aus regierte.

Der jüngste Sohn Tämerlins hatte in Persien das Königreich Tauris. Nach dem Tod seines Vaters kam ein Fürst, der Joseph[55] hieß und Miraschach aus seinem Königreich vertrieb. Dies berichtete er seinem Bruder Scharoch und bat ihn, ihm wieder zu seinem Königreich zu verhelfen. Der Bruder kam mit achtzigtausend Mann. Miraschach schickte noch dreißigtausend Mann seines Heeres mit ihm, um den Fürsten zu vertreiben. Er selbst zog mit zweiundvierzigtausend Mann gegen Joseph. Der marschierte ihm, als er davon hörte, mit sechzigtausend Mann entgegen. Sie fochten einen ganzen Tag lang, ohne daß einer einen klaren Sieg erringen konnte. Da sandte Miraschach eine Nachricht an seinen Bruder, damit dieser mit der restlichen Streitmacht käme. Als die Verstärkung eintraf, kämpften sie gemeinsam gegen Joseph und konnten ihn endlich auch vertreiben. So kam Miraschach wieder zu seinem Königreich.

Zwei Länder, Churten und Kleinarmenien, hatten sich auf die Seite Josephs geschlagen. Die eroberte Scharoch zurück und übergab sie wieder seinem Bruder. Dann zog er in sein eigenes Reich zurück. Zuvor aber ließ er dem Bruder noch zwanzigtausend Mann als Verstärkung zurück, und bei dieser Truppe war auch ich. So blieb ich, Schiltberger, bei des Tämerlins Sohn Miraschach.

Kapitel 22

*Wie Joseph Miraschach köpfen ließ und sein ganzes
Reich eroberte*

Danach hatte Miraschach ein Jahr Ruhe, dann aber
fiel Joseph wieder mit einem großen Heer in sein
Land ein. Als Miraschach das vernahm, zog er ihm
mit etwa vierhunderttausend Mann entgegen. Auf
der Ebene Kharabagh trafen die Heere aufeinander
und kämpften zwei Tage lang miteinander. Miraschach unterlag schließlich und wurde gefangengenommen. Joseph ließ ihn sofort töten. Das hatte
folgenden Grund: Ein Bruder Josephs, Miseri, hatte
dem Miraschach einen Bruder, Dschehangir, erschlagen. Später kam es zum Krieg, in dem Miraschach den Miseri[56] gefangennahm und ihn im Gefängnis töten ließ. Deshalb wurde nun auch Miraschach sofort umgebracht.

Joseph befahl, Miraschachs Haupt auf einer Lanze
aufzuspießen und vor die Hauptstadt, nach dem
Königreich ebenfalls Tauris genannt, zu bringen.
Dort ließ er sie vorzeigen, damit sich die Einwohner
schneller ergäben. Als sie ihren Herrn tot sahen,
ergaben sie sich, und Joseph brachte die Stadt und das
gesamte Königreich unter seine Herrschaft.

Kapitel 23

Wie Joseph einen König besiegte und ihn köpfte

Nachdem Joseph dieses Königreich erobert hatte, verlangte der König von Babylon[57], daß er ihm das Königreich überantworte, da es in seinen Herrschaftsbereich gehöre und sein Thron auf dessen Boden stünde. Es sei auch nicht rechtens, daß Joseph über dieses Königreich herrsche, denn er sei nicht adelig und deshalb ein schlechter Landesherr. Joseph antwortete darauf, er müsse einen Stellvertreter dort haben. Wenn der König von Babylon ihm das Seine lasse, so ließ Joseph ausrichten, dann wolle er die Münzen im Namen des Königs schlagen lassen und er solle das erhalten, was ihm gehöre. Der König willigte darin aber nicht ein, denn er hatte einen Sohn, dem er das Königreich übergeben wollte. So zog er mit fünfzigtausend Mann gegen Joseph ins Feld. Der marschierte ihm, sobald er davon erfuhr, mit sechzigtausend Mann entgegen. Auf einem großen Feld, Achum genannt, fochten sie miteinander. Der König ergriff die Flucht in eine Stadt am Rande der Ebene. Joseph verfolgte ihn und fing ihn. Er schlug ihm den Kopf ab und herrschte fortan in dem Königreich wie zuvor.

Kapitel 24

Wie ich zu Abubachir kam

Nachdem Miraschach, der Sohn Tämerlins, wie berichtet im Kampf unterlag und enthauptet wurde, kam ich zu seinem Sohn Abubachir[58]; bei ihm blieb ich vier Jahre. Nach dem Tod des Königs von Babylon durch Joseph eroberte Abubachir das Land Kray, das zum Reich des Königs von Babylon gehörte.

Abubachir hatte einen Bruder namens Mansur, der im Lande Erban herrschte. Den bestellte er zu sich, doch wollte dieser nicht gehorchen. So zog Abubachir gegen ihn, nahm ihn gefangen und warf ihn eine Weile in den Kerker. Schließlich brachte er ihn um und nahm sein Land an sich.

Abubachir war für seine Stärke bekannt. So konnte er mit einem Türkenbogen so durch eine Wagenscheibe schießen, daß die eiserne Spitze hindurchfuhr, der Schaft aber steckenblieb. Diese Scheibe hing man in der Hauptstadt Tämerlins, Samarkand, als ein Wunderzeichen vor das Stadttor. Als der Sultan von der Stärke Abubachirs hörte, schickte er ihm ein Schwert, das zwölf Pfund wog und dessen Wert man auf tausend Gulden schätzte.

Man brachte ihm das Schwert, worauf er einen dreijährigen Ochsen bringen ließ, an dem er es erproben wollte. Den Ochsen schlug er dann auf einen Streich in der Mitte durch. Dies ereignete sich noch zu Lebzeiten Tämerlins.

Kapitel 25

Von einem Königssohn

Am Hofe Abubachirs lebte auch ein Königssohn aus der großen Tatarei[59]. Er bekam die Nachricht, heimzukehren, da er die Regierung übernehmen sollte. Er bat Abubachir, ihn ziehen zu lassen, und dieser stimmte zu. So zog er mit sechshundert Reitern, unter denen auch ich war, nach Hause. Auf diese Weise kam ich mit noch fünf Kameraden in die große Tatarei, und ich will mitteilen, durch welche Länder wir kamen.

Zuerst ging es durch Strana[60], ein Land, in dem Seide wächst[61]. Dann kamen wir nach Georgien, wo Christen leben, die ihren Glauben noch ausüben und deren Schutzpatron der heilige Georg ist. Danach kam der Zug nach Lochinschan, wo ebenfalls Seide wächst. In Schirwan wächst die Seide, aus der die wertvollen Stoffe von Damaskus und Kaffar gemacht werden, ebenso die aus der Hauptstadt Brusa in der Türkei. Die Seide wird aber auch nach Venedig und Lucca gebracht, wo daraus gute Samtstoffe gewoben werden. Das Land selbst hat aber ein sehr ungesundes Klima. Dann zog der Königssohn durch Schabram und durch Temurtapit, wie es in tatarischer

Sprache heißt und soviel wie eisernes Tor⁶² bedeutet, das Persien von der Tatarei trennt. Wir kamen auch durch Origens⁶³, eine sehr mächtige Stadt, die mitten in einem Fluß, Edil genannt, liegt. Anschließend ging es durch das gebirgige Setzalet, ein Land, in dem viele Christen leben, die sogar ein Bistum haben. Die Priester sind vom Barfüßerorden, sie predigen in lateinischer und singen und beten in tatarischer Sprache.⁶⁴ Das machen sie, um die Laien noch mehr im Glauben zu bestärken. Viele Heiden werden dadurch zum christlichen Glauben bekehrt, daß sie die Worte, die die Priester singen und lesen, verstehen. Dann endlich gelangten wir in die große Tatarei zu einem Fürsten namens Edigi⁶⁵, der dem Königssohn die Botschaft gesandt hatte. Als wir ankamen, war Edigi gerade auf einem Feldzug nach Ibissibur⁶⁶.

Bemerkenswert ist in der großen Tatarei die Sitte, daß der König einen Obmann über sich hat. Der wählt den König aus, setzt ihn auch ab und hat Gewalt über die Fürsten. Zu der Zeit war Edigi der Obmann. Es ist dort auch üblich, daß der König, der Obmann und die Fürsten mit Frauen und Kindern umherziehen und im Winter wie im Sommer auf dem Feld lagern. Wo der König aber sein Lager hat, da müssen hunderttausend Hütten stehen. Als nun der erwähnte Königssohn, Zegra⁶⁷ genannt, zu Edigi kam, zog er mit ihm in das Land Ibissibur. Sie mußten zwei Monate marschieren, bis sie dort ankamen. In dem Land gibt es ein Gebirge⁶⁸, dessen

Dattelernte

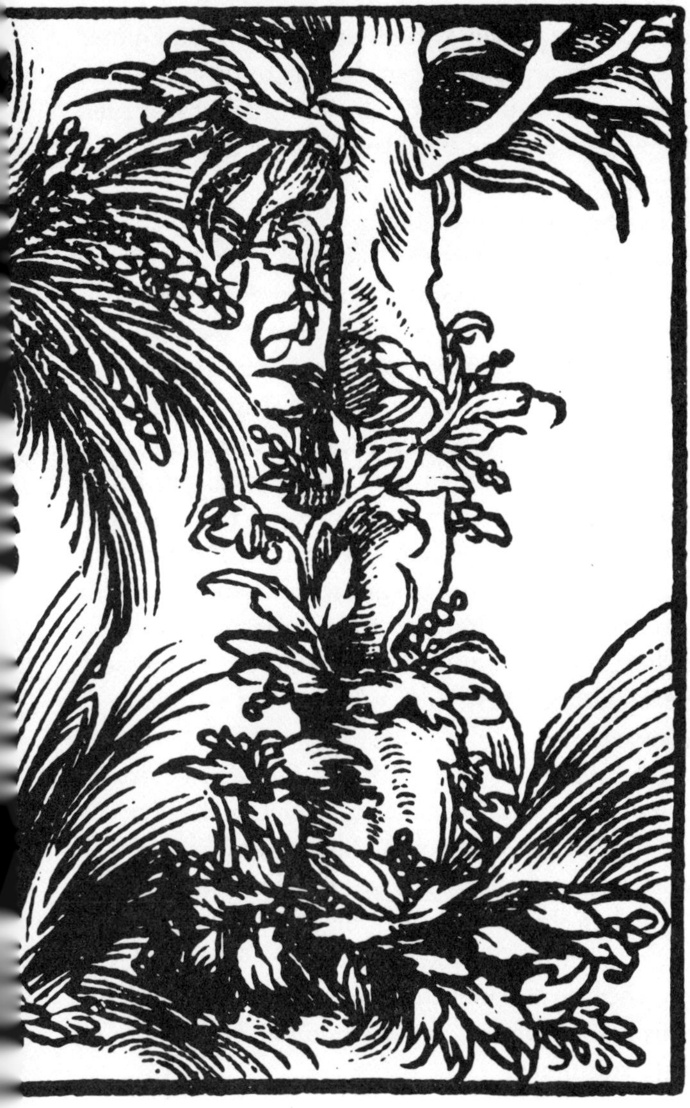

Überquerung dreißig Tagesreisen dauert, und hinter diesem Gebirge, so sagen die Leute, beginne eine Wüste und die bilde das Ende des Erdreichs. Wegen der wilden Tiere und Schlangen kann dort niemand leben.

In dem Gebirge selbst gibt es Wilde, die nicht mit anderen zusammenleben. Sie sind, mit Ausnahme der Hände und des Gesichts, am ganzen Körper rot, bewegen sich wie die Tiere in diesem Gebirge und essen Laub, Gras und was sie sonst finden. Der Herrscher dieses Landes schickte dem Edigi einen Mann und eine Frau von diesen Wilden und auch wilde Pferde, die man im Gebirge gefangen hatte. Die Pferde haben etwa die Größe von Eseln. Es gibt aber noch vielerlei Tiere, die man in Deutschland nicht kennt und deren Namen ich auch nicht weiß. In Ibissibur gibt es Hunde, die Karren und Schlitten ziehen und wohl auch Mantelsäcke tragen müssen. Sie sind ungefähr so groß wie Esel und werden auch gegessen.

Interessant ist noch, daß die Menschen dort an Christus glauben. Weil die Heiligen Drei Könige, als sie ihre Geschenke nach Bethlehem brachten, Christus dort in einer Krippe liegen sahen, stellen diese Menschen ihn in einer Krippe dar. Das machen sie auch in ihren Tempeln, und vor diesen Bildern sprechen sie ihre Gebete. Die Anhänger dieses Glaubens heißen Ugrier, aber auch in der Tatarei gibt es viele von ihnen.

Stirbt ein Jüngling, der noch keine Frau hat, so ist es dort Sitte, ihm sein bestes Kleid anzulegen. Dann holt man Musikanten, legt ihn auf eine Bahre mit einem Himmel darüber. Alle jungen Leute ziehen ihr bestes Gewand an und gehen mit den Musikanten vor der Bahre her, die Eltern und Freunde aber folgen ihr. So wird er vom ganzen jungen Volk und den Musikanten mit viel Spaß und Gesang zu Grabe getragen. Vater, Mutter und Freunde dagegen, die der Bahre folgen, klagen laut. Ist der Tote dann bestattet, so bringen alle ihr Essen und die Getränke an die Grabstelle. Die Jungen und die Spielleute essen und trinken und sind sehr fröhlich. Eltern und Freunde jedoch sitzen gesondert und klagen. Dann nehmen sie Vater und Mutter und führen sie zu ihrer Wohnung und klagen dort weiter. Dies alles geschieht, weil er unverheiratet war, so als ob es seine Hochzeit sei.

In dem Land werden nur Bohnen angebaut, und man ißt dort kein Brot. Das alles habe ich gesehen, als ich bei dem erwähnten Königssohn Zegra war.

Kapitel 26

Wer nacheinander Herrscher war

Nachdem Edigi und Zegra Ibissibur erobert hatten, zogen sie nach Walher⁶⁹ und gewannen auch dieses Reich. Danach kehrten sie in ihr Land zurück. Damals herrschte in der großen Tatarei ein König namens Sedichbekhan⁷⁰. Khan ist ein tatarisches Wort und heißt soviel wie König. Als dieser hörte, daß Edigi ins Land komme, flüchtete er. Edigi schickte ihm Leute nach, die ihn einfangen sollten, aber er wurde im Kampf getötet. Danach setzte Edigi Polet⁷¹ als König ein; der regierte eineinhalb Jahre. Ihm folgte Segelalladin⁷², der Polet vertrieb. Dann wurde der Bruder Polets König. Er regierte aber nur vierzehn Monate, da sein Bruder Thebak⁷³ bald um das Königreich kämpfte und ihn mit einem Pfeil tötete. Er wurde aber dennoch nicht König, dafür aber sein Bruder Kerumberdin⁷⁴, allerdings nur für fünf Monate. Dann kam Thebak, vertrieb Kerumberdin und wurde selbst König. Schließlich kam Edigi und mein Herr Zegra. Sie vertrieben diesen König, und der Edigi machte Zegra, wie er ihm versprochen hatte, zum Herrscher. Das war er allerdings nur neun Monate, dann kam Machimet⁷⁵ und kämpfte mit Zegra und dem Edigi. Zegra floh in das Land Destihipschach[76]. Der Edigi wurde gefangen, und Machmet war König, wurde aber von Waroch[77] vertrieben. Machmet sammelte aber neue Kräfte, vertrieb Waroch und wurde erneut König. Dobtabardi[78] wiederum besiegte Machmet und wurde für drei Tage König, dann verjagte ihn einer namens Waroch. Der wurde von Machmet[79] getötet, der sich an seine Stelle setzte. Mit Machmet kämpfte mein Herr Zegra und fiel in dem Kampf.

Kapitel 27

Von einer Heidin und ihren viertausend Jungfrauen

In der Zeit, als ich bei Zegra war, kam zum Edigi und zu meinem Herrn eine sehr mächtige Tatarin namens Sadurmelick mit einem Gefolge von viertausend Jungfrauen und Frauen. Ihr Mann war von einem Tatarenfürsten erschlagen worden. Nun wollte sie ihn rächen und kam zum Edigi, damit er ihr helfe, diesen Tatarenfürsten zu vertreiben. Der Leser muß nämlich wissen, daß diese Tatarenherrin und ihre Begleiterinnen mit in den Kampf ritten und mit dem Handbogen so gut schossen wie die Männer. Wenn diese Frau in die Schlacht ritt, so band sie sich an jede Seite ein Schwert und einen Bogen. In einem Gefecht mit einem König wurde dessen Vetter gefangen, und das war genau der Mann, der den Ehemann dieser Tatarin getötet hatte. Man brachte ihn vor die Frauen. Da hieß sie ihn niederknien, zückte ihr Schwert und schlug ihm mit einem Streich das Haupt ab. Dann sprach sie: »Nun habe ich mich gerächt.« Ich bin dabei gewesen und habe es mit eigenen Augen gesehen.

Kapitel 28

In welchen Ländern ich war

Ich habe euch nun die Kämpfe und Auseinandersetzungen beschrieben, die sich in der Zeit, in der ich bei den Heiden war, ereigneten. Nun will ich all die Länder nennen und beschreiben, in die ich gelangte, nachdem ich von Bayern losgezogen war.

Bevor der große Kriegszug gegen die Heiden begann, kam ich nach Ungarn und war dort, bis wir wie berichtet loszogen, zehn Monate. Auch die Walachei habe ich gesehen, sogar zwei große Städte dort, Agrich und Bukuretsch[80]. Eine andere Stadt, Ibrail[81], liegt an der Donau. Dort ankerten die Koggen und Galeeren[82], die Handelsware aus den heidnischen Ländern bringen. Interessant ist, daß die Menschen in der großen wie in der kleinen Walachei dem christlichen Glauben anhängen und auch eine eigene Sprache haben. Sie lassen Haar und Bart wachsen und schneiden sie nie. In der kleinen Walachei und in Siebenbürgen war ich auch. Das letztere ist ein von Deutschen besiedeltes Land mit der Hauptstadt Hermannstadt, ebenso Burzerland mit seiner Hauptstadt Brasow[83]. Das also sind die Länder diesseits der Donau, die ich gesehen habe.

Kapitel 29

Die Länder, die ich besucht habe, welche zwischen der Donau und dem Meer liegen

Nun sollt ihr von den Ländern hören, die zwischen der Donau und dem Meer liegen und die ich ebenfalls gesehen habe.

Zuerst war ich in drei Ländern, die man alle drei Bulgarien nennt. In das erste Bulgarien kommt man, wenn man von Ungarn zur eisernen Pforte übersetzt, die Hauptstadt heißt Pudem[84]. Das zweite Bulgarien mit der Hauptstadt Ternau[85] liegt gegenüber der Walachei, und das dritte ist da, wo die Donau ins Meer fließt. Seine Hauptstadt ist Kallaterka[86].

Ich war aber auch in Griechenland. Die Hauptstadt Adranopoli hat fünfzigtausend Häuser. In Griechenland, am walichischen Meer, liegt die große Stadt Saloniki. Dort ist ein Heiliger, Sankt Thimiter[87], begraben. Aus dem heiligen Grab fließt Öl, und mitten in der Kirche, in der er begraben ist, befindet sich auch ein Brunnen, der sich am Tag des Heiligen immer mit Wasser füllt. Das Jahr über ist er aber trocken. Saloniki habe ich selbst gesehen. Eine weitere mächtige Stadt Griechenlands ist Seres. Das Land zwischen Donau und Meer gehört dem türkischen König. Bei der Stadt und Festung Kalipoli setzt man über das Meer; ich selbst fuhr von dort in die große Türkei. Auch nach Konstantinopel fährt man über das gleiche Meer. Dort war ich drei Monate lang, und in die Großtürkei gelangt man von dort aus ebenso. Die Hauptstadt der Türkei heißt Bursa. Sie hat zweihunderttausend Häuser und acht Spitäler, wo man die Armen beherbergt, seien es nun Christen, Heiden oder Juden. Zur Stadt gehören dreihundert Burgen, die anschließend beschriebenen Hauptorte ausgenommen.

Der erste heißt Asia[88]. Dort befindet sich das Grab des Evangelisten Johannes. Dazu gehört gutes Land, das in heidnischer Sprache Edein[89], hierzulande Hoches genannt wird. Die andere Stadt mit dem dazugehörigen Land heißt Ismira[90]; der heilige Nikolaus ist dort Bischof gewesen. Die Stadt Magnasa[91] hat fruchtbares Land, ebenso Donguslu[92] mit dem dazugehörigen Land Serochon. Dort tragen die Bäume zweimal im Jahr Frucht. In Adalia[93], einer Stadt im Land Saraten, wird außer Kamelen, die man auch schlachtet, kein anderes Vieh gezüchtet. Hoch auf einem Berg liegt die Stadt Kachei in Kennan[94]. In Anguri im Land Siguri[95] leben viele Christen, die dem aramäischen Glauben angehören. Sie haben in ihrer Kirche ein Kreuz, das Tag und Nacht leuchtet. Dorthin wallfahren auch die Heiden, und das Kreuz nennen sie den »leuchtenden Stein«. Das wollten die Heiden einmal in ihren Tempel entführen, aber jeder, der das Kreuz anfaßte, behielt verkrümmte Hände.

Die Hauptstadt des Landes Wegureisari hat den gleichen Namen, und die von Karaman[96] heißt Karanda. Auch die Stadt Konia liegt in diesem Land. Dort liegt ein Heiliger begraben namens Schemesdin[97]. Er war ein heidnischer Priester, der sich heimlich taufen ließ. Als er starb, spendete ihm ein armenischer Priester in einem Apfel das Abendmahl. Dieser Heilige hat große Wunder vollbracht. In Kassaria[98] in der gleichnamigen Hauptstadt war der heilige Basilius[99] Bischof. Ich war aber auch in Sebast, einem ehemaligen Königreich. Am Schwarzen Meer liegt die Stadt Samson im Lande Zegnitsch. Alle oben genannten Länder und Städte, die ich alle besucht habe, gehören zur Türkei. Das gilt auch für Zepun[100], ein Land am Schwarzen Meer. Dort bauen sie nur Hirse an und machen auch ihr Brot daraus. Das Königreich Tarbesanda[101] ist ein kleines, gut abgeschlossenes Land, das sehr viel Wein hervorbringt. Es liegt ebenfalls am Schwarzen Meer, nicht weit von der Stadt Kureson, wie sie auf griechisch heißt.

Kapitel 30

Von der Sperberburg: Wie sie bewacht wird

In einem Gebirge liegt eine Burg, die Sperberburg genannt wird. Drinnen lebt eine schöne Jungfrau mit einem Sperber, der auf einer Stange sitzt.

Wenn jemand dorthin kommt und drei Tage und Nächte nicht schläft, sondern durchwacht, dann kann er an die Jungfrau einen Wunsch richten. Ist es ein ehrenhaftes Begehren, so wird ihm der Wunsch erfüllt.

Hat er das Wachen vollbracht, so geht er in die Burg und kommt in einen schönen Palast. Dort sieht er einen Sperber auf einer Stange sitzen. Sobald der Sperber den Besucher erblickt, stößt er einen Schrei aus. Daraufhin kommt die Jungfrau aus ihrer Kammer und empfängt den Gast, indem sie sagt: »Du hast mir drei Tage und drei Nächte gedient, indem du gewacht hast, deshalb soll dir gewährt werden, was du begehrst, sofern es ehrenvoll ist.« Und so geschieht es dann auch.

Begehrt derjenige aber etwas Hoffärtiges, Unkeusches oder Schnödes, so verflucht sie ihn und sein Geschlecht, so daß es nie wieder zu Ehren gelangen kann.

Kapitel 31

Wie ein armer Gesell dem Sperber wachte

Einst kam ein guter, armer Bursche, der wachte drei Tage und drei Nächte vor der Burg. Danach gelangte er in den Palast. Als der Sperber ihn sah, schrie er, und die Jungfrau kam aus ihrer Kammer, empfing ihn und sprach: »Welchen Wunsch hast du an mich? Ist es eine weltliche und ehrbare Sache, so soll sie dir gewährt werden.« Da bat er um nichts anderes, als daß er und sein Geschlecht zu Ehren kämen, und dies wurde ihm gewährt.

Es kam auch ein Königssohn aus Armenien dorthin, und auch er wachte drei Tage und Nächte lang und gelangte in den Palast, in dem der Sperber war. Der schrie, worauf die Jungfrau herauskam und ihn mit der Frage empfing, welchen weltlichen, ehrenhaften Wunsch er habe. Er sprach: »Ich bin der Sohn eines mächtigen Königs aus Armenien und habe Silber und Gold genug, desgleichen Edelsteine. Aber ich habe keine Hausfrau und begehre dich zur Frau.« Sie aber antwortete: »Dein Hochmut soll gerächt werden an dir und an all deiner Macht«, und sie verfluchte ihn und sein ganzes Geschlecht.

Auch ein Ritter des Johanniterordens kam zur

Sperberburg, wachte und gelangte in den Palast. Die Jungfrau kam und fragte nach seinem Begehr. Da wünschte er sich einen Beutel, der niemals leer würde. Der Wunsch wurde ihm erfüllt, aber sie verfluchte ihn danach und sagte: »Die Gier, die dich getrieben hat, ist von großem Übel. Deshalb verfluche ich dich, auf daß dein Orden gemindert und nicht gemehrt werde.« Damit schied er von ihr.

Kapitel 32

Nochmals von der Sperberburg

Als meine Kameraden und ich in dieser Gegend waren, baten wir jemanden, uns zu der Burg zu führen, und bezahlten ihn auch dafür. Als wir ankamen, wollte einer von uns dort bleiben und wachen. Unser Führer riet ihm aber ab und sagte, daß jeder, der das Wachen nicht durchhalte, verschwinde und niemand wisse, wohin. Außerdem sei die Burg so zugewachsen, daß niemand hineingelangen könne. Auch die griechischen Priester verbieten, zur Burg zu gehen, denn sie sagen, es gehe dort mit dem Teufel zu und nicht mit Gott. So zogen wir also wieder von dannen und gelangten in die Stadt Kereson. Auch das Land Lasia gehört zum oben genannten Königreich; es ist ein fruchtbares Land, in dem Wein angebaut wird; seine Bewohner sind Griechen.

Ich war auch in Kleinarmenien, dessen Hauptstadt Ersingen[102] ist. Außerdem liegt dort Kayburt[103], eine Stadt mit gutem Land. Kamach ist ein Ort auf einem hohen Berg, an dessen Fuß ein Fluß, der Eufrates, vorbeifließt. Es ist einer der Flüsse, die aus dem Paradies kommen. Er fließt durch Kleinarmenien und dann zehn Tagesreisen weit durch die

Wüste. Schließlich versickert das Wasser im Sand, und niemand weiß, wo es hinkommt. Der Eufrates fließt auch durch Persien.

Ein anderes Land dort heißt Karaffer[104], eine fruchtbare Gegend, in der Wein wächst. Hamunt ist die Hauptstadt der schwarzen Türkei, die von einem kriegerischen Volk bewohnt wird. Churt[105] heißt ein weiteres Land und seine Hauptstadt Bestan. Im Königreich Kursi[106] gehören die Bewohner dem griechischen Glauben an; sie haben eine eigene Sprache und sind streitbare Leute. Ablas[107] mit seiner Hauptstadt Zuchtun ist ein ungesundes Land, wo Männer und Frauen eine viereckige Kopfbedeckung tragen. Das tun sie des ungesunden Klimas wegen. Megral[108] mit der Hauptstadt Kathon ist ein kleines Gebiet, dessen Einwohner griechischen Glaubens sind. Im Königreich Merdin dagegen leben Heiden. Ich war in allen diesen Ländern und habe sie selbst erkundet.

Kapitel 33

Von dem Land, in dem die Seide wächst, von Persien und anderen Königreichen

Die Hauptstadt des gesamten Königreichs Persien heißt Thaures[109]. Der persische König hat von ihr mehr Gewinn als der mächtigste König in christlichen Landen, da dorthin sehr viele Kaufleute kommen. In Persien gibt es auch ein Reich, dessen Hauptstadt man Sultania nennt. Zu der Stadt Rei[110] gehört ein großes Gebiet, dessen Bewohner nicht an Mohammed glauben wie die übrigen Heiden. Sie glauben an einen Ali, der als großer Verächter der Christenheit bezeichnet wird. Die Anhänger dieses Glaubens nennt man Raphaky[111]. Die Stadt Nachson[112] liegt am Fuße des Berges, auf dem die Arche stand. Maragara, Gelat und Kirna[113] sind Ortschaften mit gutem Land. In Meya[114], einer Stadt auf einem Berg, sind die Einwohner römisch-katholisch, und sie haben sogar ein Bistum. Die Priester gehören einem Predigerorden an und predigen in armenischer Sprache. Gilan ist ein reiches Land, wo nur Reis und Palmöl wächst; seine Einwohner tragen gestrickte Schuhe. In Reß[115], einer großen Stadt mit gutem Land, werden gute Seidentücher gewoben. Auch

Strauba[116] hat gutes Land. Die Stadtmauer von Antiochia ist mit Christenblut bestrichen, damit sie rot sei. Die Stadt Almetze[117] hat sich sechzehn Jahre gegen Tämerlin gewehrt, ehe er sie erobern konnte. Das Land Massanderan ist so waldreich, daß ihm niemand etwas anhaben kann. Scheidik am Weißen Meer hat gutes Land, auch wächst dort Seide. Gleiches gilt von Schuruan mit seiner Hauptstadt Schomachy[118]. Zwar ist es dort heiß und ungesund, doch wächst die beste Seide. Isphahan hat auch gutes Land. Das Königreich Horoson, ebenfalls in Persien gelegen, hat eine Hauptstadt, die Hore[119] heißt, mit dreihunderttausend Häusern.

Als ich dort war, lebte in dem Königreich ein Mann, von dem die Heiden behaupteten, er sei dreihundertundfünfzig Jahre alt. Seine Fingernägel waren daumenlang, und die Augenbrauen reichten ihm bis auf die Wangen. Seine Zähne waren ihm schon zweimal ausgefallen, und zwei waren ihm zum dritten Mal gewachsen. Sie waren aber weich und nicht hart, wie Zähne sein sollten, und er konnte damit nicht kauen und essen, so daß man ihn füttern mußte. Die Haare in den Ohren reichten ihm bis zu den Kinnbacken und der Bart bis auf die Knie. Auf seinem Haupt war kein Haar mehr. Er konnte auch nicht mehr reden, doch deutete er mit Zeichen. Auch mußte man ihn tragen, denn er konnte nicht mehr gehen. Diesen Mann verehrten die Heiden wie einen Heiligen, und sie wallfahrteten zu ihm, wie man es bei Heiligen tut. Sie sagten, er sei von Gott auserkoren, denn in den letzten tausend Jahren habe kein Mensch solange gelebt wie dieser Mann. Wer ihn verehre, der ehre Gott, der durch ihn seine Wunder und Zeichen gebe. Dieser Mann hieß Shiradamscheich.

Nach Schiras, einer großen Stadt mit gutem Land, läßt man keine christlichen Kaufleute ziehen, vor allem nicht in die Stadt. Kermachan hat ebenfalls gutes Land, und Keschan, das am Meer gelegen ist und wo die Perlen wachsen, gleichfalls. Hognus[120] ist eine große Stadt am Meer, von wo aus man nach Indien fährt. Dorthin kommen viele indische Kaufleute. Es gibt gutes Land, und man findet in der Gegend von Hognus viele Edelsteine. Das

Gebiet von Kaff[121] ist ebenfalls gutes Land, denn man findet dort viele Gewürze. Von dort fährt man nach Großindien. In den hohen Bergen von Walascham[122] findet man ebenfalls viele Edelsteine, die aber der Schlangen und wilden Tiere wegen niemand suchen will. Nur wenn es regnet und die Regengüsse die Steine herausschwemmen, dann kommen die Kenner und suchen sie aus dem Schlamm heraus. In den Bergen wohnen auch Einhörner.

Kapitel 34

Von dem großen Turm zu Babylon

Ich war auch im Königreich Babylonien. Dieses heißt in heidnischer Sprache Waydat[123]. Die riesige Stadt Babylon war ganz von einer Mauer umschlossen, die insgesamt 25 leg lang war. Ein leg sind etwa drei welsche Meilen. Die Mauer war zweihundert Kubicen hoch und fünfzig Kubicen dick. Die Wasser des Euphrat fließen mitten durch die Stadt. Doch heutzutage ist sie völlig zerstört und nicht mehr bewohnt. Der Turm zu Babylon ist 54 Stadien hoch. Vier Stadien entsprechen etwa einer welschen Meile. Er mißt 10 leg in der Länge und in der Breite. Dieser Turm steht in der arabischen Wüste auf dem Weg in das Königreich Kalda[124]. Wegen der Drachen, Schlangen und anderem gefährlichen Gewürm, von dem es in dieser Wüste gar viel gibt, kommt nur selten jemand dorthin. Diesen Turm hat ein König errichtet, der in heidnischer Sprache Marburtirudt hieß.[125] Es soll noch angemerkt sein, daß ein leg drei lombardische Meilen mißt und vier Stadien etwa einer welschen Meile entsprechen. Eine welsche Meile sollte tausend Schritt sein und ein Schritt fünf Schuh haben. Ein Schuh sollte neun Unzen haben.

Eine Unze entspricht der Länge des ersten Daumengliedes.[126]

Aber nun soll der Leser auch noch etwas vom neuen Babylon erfahren. Es liegt vom alten entfernt an einem Fluß, der Schatt[127] heißt und recht groß ist. Darin sind viele seltsame Tiere, die aus dem indischen Meer in den Fluß kommen. Am Ufer wächst auf Bäumen eine Frucht, die heißt Taltal, und in der Sprache der Heiden wird sie Kyrma[128] genannt. Die Früchte sollte man erst abnehmen, wenn die Störche kommen und die Schlangen vertreiben, da dieses Ungeziefer unter oder auf den Bäumen lebt. Deshalb mag niemand die Früchte ernten, obwohl sie zweimal im Jahr wachsen. Bemerkenswert ist in Babylon noch, daß in der Stadt zwei Sprachen gesprochen werden, arabisch und persisch. Auch findet man dort einen Garten mit allerlei verschiedenen Tieren darin. Dieser Garten ist etwa zehn Meilen lang und ganz eingezäunt, so daß die Tiere nirgendwo herauskönnen. Dort haben die Löwen ein besonderes Gehege, in dem sie frei leben. Diesen Garten habe ich selbst besichtigt. Im ganzen Königreich gibt es kein Heer.

Ich bin auch in Kleinindien gewesen. Das ist ein gutes Königreich, und seine Hauptstadt heißt Dily[129]. In diesem Land gibt es viele Elefanten und auch ein Tier, das Surnasa[130] heißt. Es ist dem Hirsch ähnlich, jedoch sehr hoch und hat einen langen Hals, der etwa vier Klafter oder mehr mißt. Vorne hat es hohe Beine und hinten kurze. Von diesen Tieren gibt

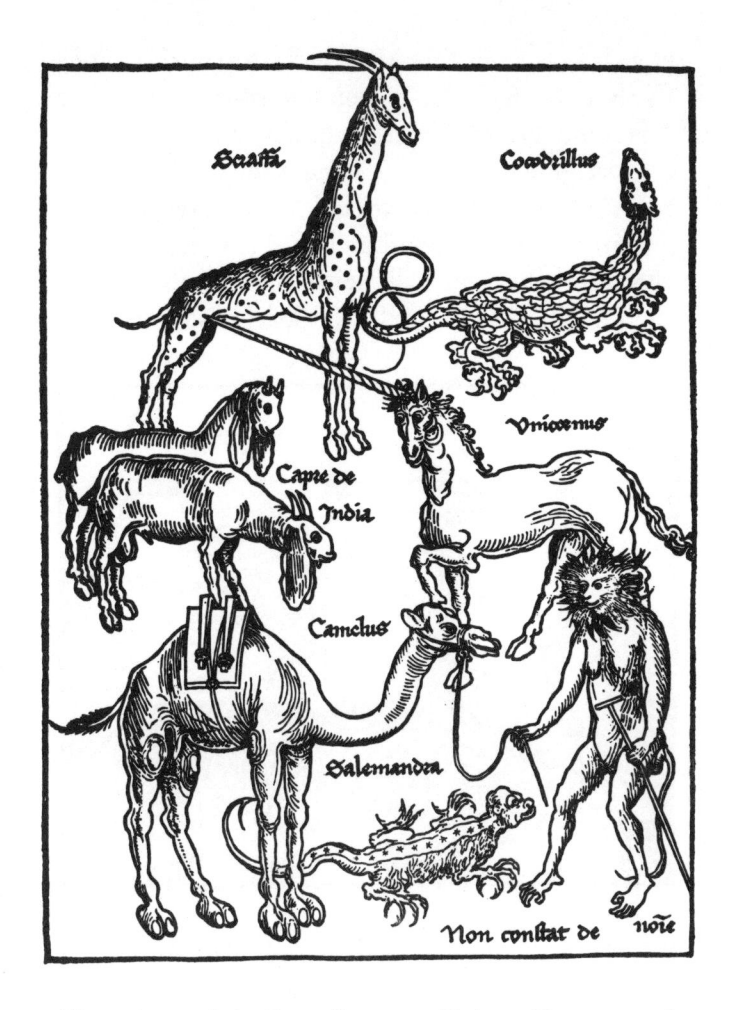

Eine zeitgenössische Darstellung verschiedener Tierarten nach damaligen Vorstellungen

es viele in Kleinindien. Man findet dort auch zahlreiche Sittiche, Strauße, Löwen und noch viele andere Tiere und Vögel, die ich nicht alle aufzählen kann.

Dort gibt es auch ein Land namens Zekatay[131]. Seine Hauptstadt Samarkand ist eine große und mächtige Stadt. In dem Land wird eine eigene Sprache gesprochen, die halb persisch und halb türkisch ist. Die Bewohner sind sehr kriegerisch, und im ganzen Land wird kein Brot gegessen. Anmerken möchte ich noch, daß Tämerlin zu der Zeit, als ich bei ihm war, dieses Land beherrscht hat. Alle diese Länder habe ich selbst gesehen, er beherrschte aber noch viele andere, in denen ich nicht gewesen bin.

Kapitel 35

Von der großen Tatarei

Ich war auch in der großen Tatarei, und von den Landessitten ist folgendes bemerkenswert: Als erstes muß man wissen, daß in diesem Land nur Hirse angebaut wird. Die Menschen essen kein Brot und trinken keinen Wein, dafür aber Roß- und Kamelmilch. Sie essen auch das Fleisch dieser Tiere. Interessant ist, daß selbst der König und die Fürsten dieses Landes mit Frauen, Kindern, Vieh und allem Hab und Gut im Sommer wie im Winter in Zelten wohnen. Sie ziehen von Weide zu Weide, denn es ist ein sehr flaches Land.

Wählen sie einen König, dann setzen sie ihn auf ein weißes Filztuch und heben ihn dreimal auf. Dann nehmen sie ihn auf und tragen ihn um das Zelt, setzen ihn auf den Thron und geben ihm ein goldenes Schwert in die Hand. Dann muß er wie üblich schwören.

Beachtenswert ist, daß die Tataren wie alle Heiden sich zum Essen und Trinken auf den Boden niedersetzen.

Unter allen heidnischen Völkern gibt es kein streitbareres, aber auch in Kriegen und auf Reisen kein genügsameres Volk als die weißen Tataren. Ich habe selbst gesehen, wie sie Feinde töten, ihr Blut auffangen und es dann kochen und essen. Das machen sie, wenn sie sonst nichts mehr zu essen haben. Wenn sie schnell vorankommen müssen, schneiden sie Fleisch in dünne Scheiben, legen es dann unter den Sattel und reiten darauf. Haben sie Hunger, so essen sie davon. Es wird zuerst gesalzen, und sie meinen, daß ihnen das Fleisch so nicht schadet, da es von der Wärme des Pferdes trocken und vom Reiten unter dem Sattel mürbe wird und der Saft herauskommt. So halten sie es, wenn sie keine Zeit haben, ein Essen zuzubereiten.

Ein anderer Brauch ist es, dem König, wenn er morgens aufsteht, Pferdemilch in einer goldenen Schale zu überreichen, die er dann auf nüchternen Magen trinkt.

Kapitel 36

Die Länder der Tatarei, die ich gesehen habe

Jetzt werde ich alle Länder der großen Tatarei aufzählen, in denen ich selbst gewesen bin. Die Hauptstadt des Landes Horosma[132], Orgens, liegt an einem großen Fluß, genannt Edil. Ein anderes Land, das gebirgig ist, heißt Bestan und die Hauptstadt Zulat. Eine andere Stadt dort, Haitzicherchen[133], ist eine große Siedlung mit gutem Land. Sarei, der Name einer anderen Stadt, bedeutet in tatarischer Sprache soviel wie »Stall des Königreiches«. Weitere Städte sind Bolar[134], wo es vielerlei Tiere gibt, Ibissibur und Asach[135], das von den Christen Alathena genannt wird. Es liegt am Fluß Tena, und es gibt dort viel Viehzucht. Auf Schiffen bringt man große Mengen Fisch aus dem Land nach Venedig und auch nach Genua. Ein anderes Land der Tatarei heißt Kopetzach[136], mit der Hauptstadt Bulchat; dort wird allerlei Getreide angebaut.

Kaffa ist eine Stadt am Schwarzen Meer, die zwei Ringmauern hat. Innerhalb des einen Rings stehen sechstausend Häuser, in denen Walchen[137], Griechen und Armenier wohnen. Es ist eine richtige Stadt, und in ihrem zweiten, äußeren Ring stehen elftausend Häuser von Christen verschiedener Konfessionen, römischer, griechischer, armenischer und syrischer. Auch drei Bischöfe gibt es dort, einen römischen, einen griechischen und einen armenischen. Es leben dort aber auch viele Heiden mit ihren eigenen Tempeln. In der Stadt gibt es außerdem zweierlei Juden mit zwei Versammlungshäusern. In der Vorstadt stehen viertausend Häuser. Kaffa sind noch vier weitere Städte am Meer unterstellt.

Karkeri[138] ist die Hauptstadt von Sudi, das die Heiden That nennen. Es leben dort griechische Christen, und es wächst ein guter Wein. Die Stadt liegt am Meer, und in diesem Land, bei Serucherman[139] in heidnischer Sprache, wurde Sankt Clemens ins Meer versenkt. Ebenfalls am Schwarzen Meer liegt das Land Starchas[140]. Die Einwohner sind Anhänger des griechischen Bekenntnisses, aber es sind böse Menschen, denn sie verkaufen ihre eigenen Kinder an die Heiden. Außerdem stehlen sie anderer Leute Kinder und verkaufen sie ebenfalls, und sie sind dazu noch Straßenräuber. Sie haben aber eine eigene Sprache. Eine Sitte bei ihnen ist es, jemanden, der vom Blitze erschlagen wurde, in einer Truhe auf einem Baum beizusetzen. Unter diesem Baum versammelt sich das Volk der Gegend, bringt zu essen und zu trinken mit, und dann tanzen sie unter dem Baum und feiern ein großes Fest. Sie schlachten und opfern Ochsen und Lämmer. Das Ganze dauert drei Tage lang. Wenn sich das Ereignis jährt und der Tote noch auf dem Baum liegt, so kommen sie wieder, feiern wie zuvor und dies so lange, bis der Tote verfault ist. Der Grund dafür ist, daß sie glauben, der Tote sei heilig, weil er vom Blitz getötet wurde.

Auch das Königreich der Reussen ist dem tatarischen König tributpflichtig. Unter den roten Tataren gibt es drei Geschlechter, die Kayat, die Uighur und die Mugal. Die Tatarei erstreckt sich neunzig Tagesreisen weit ganz eben, so daß man weder Gehölz noch Stein findet, nur Gras und Gestrüpp. Alle Länder, die ich aufzählte, gehören zur großen Tatarei, und ich habe sie selbst gesehen.

Ich bin aber auch in Arabia gewesen, dessen Hauptstadt in heidnischer Sprache Missir[141] heißt. Diese Stadt hat zwölftausend Straßen und jede Straße zwölftausend Häuser. Dort hat der Sultan seinen Sitz, der ein König über alle heidnischen Könige ist und der Herr über alle Mohammedaner. Er ist ein mächtiger Mann, reich an Silber, Gold und Edelsteinen und hat an seinem Hof täglich zwanzigtausend Mann. Keiner kann Sultan werden, es sei denn, er ist als Sklave nach Ägypten gekommen.[142]

Kapitel 37

Wieviele Sultane es gab, während ich unter den Heiden war

Ihr sollt nun auch erfahren, wieviele Sultane es während der Zeit meiner Gefangenschaft gegeben hat. Der erste hieß Barochloch, ihm folgte Mathas. Der geriet in Gefangenschaft, wurde zwischen zwei Bretter gelegt und der Länge nach mitten durchgesägt. Bei seinem Nachfolger Joseph[143] war ich acht Monate lang, dann wurde er gefangengenommen und geköpft. Nach ihm wurde ein Zachan und danach Schiachin Sultan. Der wurde auf eine eiserne Lanze gesetzt, denn es gilt folgender Brauch: Wenn zwei miteinander um das Königreich kämpfen, dann nimmt der Sieger den Unterlegenen gefangen, legt ihm festliche Kleidung an und führt ihn in ein extra dafür errichtetes Haus, in dem Eisenspeere aufgestellt sind. Auf einen solchen Spieß wird der Gefangene gesetzt, so daß ihm der Spieß wieder zum Hals herauskommt. So bleibt er, bis er verfault.

Nach Schiachin wurde Mellekscheischarf[144] Sultan. Dieser sandte einst für eine Hochzeit Einladungen nach Rom und in alle Länder der Christenheit. Ich will hier seinen Brief mit allen seinen Titeln, die er führte, wiedergeben[145]: »Wir Salmander, Allmächtiger von Karthago, Sultan der edlen Sarazenen, Herr zu Puspile, Herr des obersten Gottes von Jerusalem, Fürst in Capadocien, Herr des Jordanlandes, Herr im Morgenland, wo das warme Meer endet, Herr zu Bethlehem, wo eure liebe Frau geboren wurde, unsere Nichte, und ihr Sohn, unser Neffe von Nazareth, Herr von Sinai, von Talapharum und des Tals zu Josaphat, Herr zu Sormon, an dem Berg gelegen, an dem zweiundsiebzig Türen sind, alle aus Marmor gefertigt, Herr des großen Waldes, vierhundert Meilen lang, wo zweiundsiebzig Sprachen gesprochen werden, Herr des Paradieses, das in unserem Land Capadocien liegt, und aller Flüsse, die daraus hervorfließen, Vogt der Hellenen, gewaltiger

Kaiser zu Konstantinopel, Arach von Kailamer, Herrscher von Galgarien, Herr des dürren Baums, Herr, wo die Sonne und der Mond aufgehen und vom höchsten Stand zum Untergang ziehen, Herr, wo Enoch und Elias begraben sind. Ebenso Beschirmer des ersten Priesters im verschlossenen Rumänien und Herrscher zu Bagdad, Bewahrer von Alexandria, Errichter der festen Stadt zu Babylon, wo die zweiundsiebzig Sprachen entstanden sind. König aller Könige, Herrscher der Christen, Juden und Heiden, ein Günstling der Götter.« So begann sein Brief nach Rom, als er zur Hochzeit seiner Tochter einlud, und bei diesem Fest war auch ich dabei.

Interessant ist auch der Brauch im Land der Sultane, daß die Ehefrauen in der Woche, in der ihr Feiertag ist, frei sind und tun und lassen können, was sie wollen; sie können sich mit Männern oder anderen Dingen vergnügen, je nachdem, worauf sie Lust haben. Weder ihre Männer noch andere werden etwas sagen, da es nun einmal so Sitte ist.

Wenn der Sultan in eine Stadt einreitet oder Leute aus fremden Ländern zu ihm kommen, so verhüllt er sein Antlitz, so daß man ihn nicht sehen kann. Wenn ein Fürst zu ihm kommt, dann muß er dreimal niederknien und die Erde küssen. Erst danach steht er auf und geht zum Sultan. Ist es ein Heide, so reicht er ihm die bloße Hand, ist es ein Christ, so zieht der Sultan seinen Ärmel darüber und streckt ihm den zum Kuß hin.

Schickt der Sultan einen Boten los, so gibt es in jeder Herberge fertig gesattelte Pferde, die für ihn bereitstehen. Dieser Bote hat Schellen am Gürtel, die er mit einem Tuch verhüllt. Erst kurz vor der Pferdestation nimmt er das Tuch weg, so daß sie laut klingen. Hört man dies in der Herberge, dann bereitet man ihm ein Pferd, damit er es reisefertig vorfinde. So reitet er von Station zu Station, und überall findet er neue Pferde vor, bis er zu seinem Bestimmungsort gelangt. Diese Einrichtung des Sultans findet man auf allen Straßen.

Bei großer Gefahr, wenn zu befürchten ist, daß die Boten aufgehalten werden, schickt der Sultan auch Brieftauben los. Die meisten schickt er von Al Cahira nach Damaskus, da eine große Wüste dazwischen liegt. Diese Tauben werden in jeder Stadt, in der es der Sultan wünscht, folgendermaßen erzogen: Man muß für ihn ein Taubenpärchen aufziehen, dem man Zucker unter das Futter mischt. Man füttert sie gut, läßt sie aber nicht ausfliegen. Wenn die Paarungszeit kommt, bringt man den Täuberich zum Sultan, die Taube behält man. Der Täuberich wird gekennzeichnet, so daß man genau weiß, aus welcher Stadt er stammt. Man bringt ihn dann in einen besonderen Käfig, läßt aber keine Taube mehr zu ihm und gibt ihm auch nicht mehr so viel zu fressen wie vorher, besonders keinen Zucker mehr. Das macht man, damit er sich um so mehr nach der Stadt sehne, in der er vorher war und aufgezogen wurde. Will man ihn losschicken, so bindet man ihm den Brief unter die Flügel, und der Täuberich fliegt direkt zu dem Haus, in dem er aufgezogen wurde. Dort fängt man das Tier, nimmt den Brief und gibt ihn seinem Empfänger.

Kommt ein Gast zum Sultan, sei es ein Herr oder ein Kaufmann, so gibt der Sultan ihm einen Geleitbrief, und wenn er den Brief irgendwo im Reich jemandem zeigt, kniet der vor ihm nieder, bis er den Brief gelesen hat, küßt ihn und erweist dem Gast große Ehre. Er führt ihn von einer Stadt in die andere, sei der Weg auch noch so weit. Kommt ein Bote eines Königs oder eines ausländischen Herrschers zum Sultan, so ist es bei den Heiden Brauch, daß der Bote mit drei- bis vierhundert Reitern kommt oder sogar mit sechshundert. Sobald der Sultan von seiner Ankunft erfährt, begibt er sich auf seinen Thron, schmückt sich mit einem teuren Gewand und Edelsteinen und läßt sieben Vorhänge vorziehen. Will der Bote vor ihn treten, so nimmt man einen Vorhang nach dem anderen zur Seite, und vor jedem muß er sich verneigen und die Erde küssen. Wird der letzte Vorhang gehoben, kniet der Bote vor dem Sultan nieder. Dieser reicht ihm die Hand, die der andere küßt, dann richtet er seine Botschaft aus.

In Arabien gibt es einen Vogel, der Saka[146] heißt, größer als ein Kranich ist und einen langen Hals und einen breiten Schnabel hat. Er ist schwarz und hat auch große schwarze Füße, wie die einer Gans. Das Gefieder ist wie das eines Kranichs, aber er hat einen großen Kropf am Hals, in den wohl ein viertel Eimer Wasser geht. Dieser Vogel hat die Angewohnheit, zu einer Wasserstelle zu fliegen und den Kropf mit Wasser zu füllen. Damit fliegt er in eine Wüste, wo es kein Wasser gibt, und schüttet es in eine Grube, die er an einem Felsen findet. Sodann kommen andere Vögel aus der Wüste und trinken. Von denen fängt er sich welche als Nahrung. Dies kann man sehen in der Wüste, durch die man zu Mohammeds Grab zieht.

Kapitel 38

Vom Sankt-Katharinenberg

Das Rote Meer ist zweihundert und vierzig welsche Meilen breit. Es hat zwar den Namen Rotes Meer, ist aber in Wirklichkeit gar nicht rot, nur das Erdreich der Ufer weist an manchen Stellen eine rote Farbe auf. Sonst ist es wie andere Meere auch und reicht bis Arabien. Man muß es überqueren, will man nach Sankt Katharinen oder auf den Berg Sinai. Ich selbst bin nicht dort gewesen, habe es aber von Christen und Heiden gehört, weil diese nämlich auch dorthin ziehen. Der Berg heißt bei den Heiden Muntagi, was soviel bedeutet wie »Erscheinungsberg«, denn dort ist Gott ja dem Moses als Flamme erschienen, die zu ihm sprach. Auf dem Berg ist ein Kloster griechischer Mönche mit einem großen Konvent. Sie leben als Einsiedler, trinken keinen Wein und essen auch kein Fleisch. Sie sind heilige Männer, denn sie fasten die ganze Zeit. In der Klosterkirche brennen viele Ampeln, da sie wegen eines göttlichen Wunders genug Olivenöl zum Verbrennen und zum Essen haben. Sind nämlich die Früchte des Ölbaums reif, sammeln sich alle Vögel des Landes, und ein jeder trägt einen Zweig im Schnabel und fliegt nach Sankt

Katharinen auf den Berg. Davon bringen sie soviel, daß die Mönche genug zu essen haben und auch Öl für die Lampen. In der Kirche hinter dem Altar ist die Stelle, an der Gott dem Moses im brennenden Busch erschienen ist. Wenn die Mönche dahin gehen, sind sie barfuß, denn es ist eine heilige Stätte. Gott hatte ja auch Moses befohlen, die Schuhe auszuziehen, da er sich an einer heiligen Stätte befinde. Den Ort nennt man Gottesstatt. Drei Stufen höher steht der große Altar, in dem die Gebeine der heiligen Katharina liegen. Der Abt zeigt den Pilgern dieses Heiligtum, und er hat ein silbernes Gerät, mit dem er auf die Reliquie drückt, aus der dann ein wenig Öl austritt, wie ein Schweißtropfen, aber es ist weder Öl noch Balsam. Das gibt er den Pilgern, und anschließend zeigt er ihnen das Haupt der Heiligen und viele andere Reliquien. Es gibt noch ein anderes Wunderzeichen in diesem Kloster. Sie haben dort soviele Ampeln wie es Mönche gibt, und die brennen die ganze Zeit über. Will ein Mönch sterben, so nimmt er seine Ampel ab, und wenn sie erlischt, dann stirbt auch er. Stirbt aber der Abt, dann findet der, der ihn besingt, nach der Messe auf dem Altar einen Brief, in dem der Name desjenigen steht, der neuer Abt werden soll. Dessen Ampel zündet sich dann von selbst an. In der Abtei ist auch die Quelle, die Moses entdeckte, als er mit dem Stab auf den Stein schlug, so daß Wasser herausfloß. Nicht weit vom Kloster ist eine Kirche, die zur Ehre der Heiligen Jungfrau gestiftet ist und wo sie den Mönchen auch erscheint. Ein Stück weiter oben befindet sich die Moseskapelle, nämlich an der Stelle, wo er floh, als er den Herrn mit eigenen Augen sah. Auf dem Berg ist auch noch eine Kapelle für Elias, den Propheten. Diese Stelle heißt Oreb. In der Nähe der Moseskapelle ist auch der Ort, wo der Herr ihm die Tafeln mit den Zehn Geboten übergab. Außerdem findet man auf dem Berg die Höhle, in die Moses sich zurückzog, als er die vierzig Tage fastete.

Geht man von dem Tal am Fuße des Berges durch ein größeres, so kommt man auf den Berg, auf den die heilige Katharina von den Engeln getragen wurde. Im gleichen Tal ist eine Kirche, erbaut zu Ehren der vierzig Märtyrer. Dort singen die Mönche oft Messen. Und die Stelle, an die die Heilige von den Engeln gebracht wurde, ist nur kahler Fels. Die Kapelle, die dort stand, ist zerstört. Es gibt zwei Berge, die Sinai heißen, da sie nahe beieinander liegen.

Kapitel 39

Von dem dürren Baum

Nicht weit von Ebron ist das Mambertal, in dem der »dürre Baum« steht, den die Heiden Kurrutherek nennen; aber man heißt ihn auch Sirpe[147]. Er war seit Abrahams Zeiten immer grün gewesen, bis unser Herr am Kreuz gestorben ist. Seither ist er dürr. In den Prophezeiungen steht, daß ein Fürst westwärts der Sonne das Heilige Grab von den Christen zurückerobern wird, und wenn er eine Messe unter den Bäumen halten läßt, soll der Baum wieder grünen und Früchte tragen. Die Heiden halten ihn in großen Ehren und hüten ihn wohl. Hat einer die Fallsucht und trägt man ihn unter den Baum, so fällt er nicht mehr. Der Baum hat aber noch andere Tugenden und wird deshalb so gut behütet.

Von Jerusalem sind es gut zwei Tagesreisen nach Nazareth, wo Jesus aufgewachsen ist. Es war immer eine richtige Stadt gewesen, doch nun ist es ein Dorf, und die Häuser liegen weit verstreut. Es ist von Hügeln umgeben, und dort stand die Kirche, in der Maria die Botschaft des Erzengels Gabriel empfing. Außer einer Säule ist aber nichts mehr da; die aber hüten die Heiden sehr gut, und zwar wegen der

Opfergaben, die die Christen dorthin bringen. Die nehmen sie und sind den Christen gegenüber auch noch feindselig, tun ihnen wegen des Gebots des Sultans aber nichts.

Kapitel 40

Von Jerusalem und dem Heiligen Grab

Als ich in Jerusalem war, befanden wir uns eigentlich auf einem großen Feldzug und lagerten – wohl dreißigtausend Mann – auf einer schönen weiten Ebene. Deshalb habe ich nicht alle heiligen Stätten selbst besuchen können, jedoch wenigstens die hernach beschriebenen. Ich war mit einem Fußsoldaten namens Joseph zweimal in Jerusalem.

Jerusalem liegt zwischen zwei Bergen, von denen viel Wasser herabfließt. Die Heiden nennen Jerusalem Kurtzitabil[148]. Die Kirche des Heiligen Grabes ist ein schönes, hohes, gewölbtes Gebäude, das mit Blei gedeckt ist. Sie war ursprünglich vor der Stadt, steht jetzt aber an ihrem eigentlichen Ort. Gleich wenn man in die Kirche kommt, befindet sich rechter Hand der Kalvarienberg, auf dem Christus gemartert wurde. Er ist zwölf Stufen hoch, und oben ist eine Kapelle, in der Priester aus Priester Johanns Land[149] sich aufhalten. In der Kirche neben dem Berg ist ein Altar, und dort liegt die Säule, an die unser Herr gebunden wurde, als man ihn geißelte. An dieser Stelle, zweiundvierzig Stufen unter der Erde, wurden das Heilige Kreuz und die Kreuze der zwei

Die Kirche des Heiligen Grabes

Schächer gefunden. Mitten in der Kirche, in der Kapelle rechter Hand, ist um das Grab ein herrliches Tabernakel errichtet. Wenn man hineingeht, ist gleich rechts das eigentliche Grab, in das man aber nur große Herren hineinläßt. In die Mauer des Tabernakels ist jedoch ein Stein vom Heiligen Grab eingemauert, den küssen und berühren die Pilger. Es gibt eine Ampel, die das ganze Jahr über bis zum Karfreitag brennt. Dann erlischt sie und entzündet sich erst wieder am Ostersonntag. Am Osterabend geht vom Heiligen Grab ein Schein aus wie von

Das Heilige Grab

einem Feuer, und es kommt viel Volk aus Armenien, aus Syrien und aus Priester Johanns Land, um den Schein zu sehen. Vor der Kirchentür geht man achtzehn Stufen hinauf zu der Stelle, an der Christus am Kreuz zu seiner Mutter die Worte sprach: »Siehe, das ist dein Kind«, und zum heiligen Johannes: »Siehe, das ist deine Mutter.« Dieselben Stufen ging er hinauf, als er das Kreuz trug. Oben befindet sich eine Kapelle, in der Priester aus Priester Johanns Land sind.

Vor der Stadt ist die Kirche des heiligen Stefan,

und zwar an der Stelle, wo er gesteinigt wurde. Gegen das Tal Josaphat ist vor der Kirche des Heiligen Grabes das goldene Tor. Nicht weit vom Heiligen Grab ist das große Spital zu Sankt Johann. Dort pflegt man kranke Leute. Das Spital hat einhundertvierunddreißig Säulen, und es gibt noch ein anderes, das auf vierundfünfzig Marmorsäulen steht. Unterhalb des Spitals steht eine schöne Kirche; sie heißt die Große Kirche Unserer Lieben Frau. Dazwischen steht nämlich noch eine Kirche Unserer Frau, und zwar an der Stelle, an der Maria Magdalena und Maria Eleophe ihr Gewand auszogen, als sie Gott am Kreuze sahen. Vor der Kirche, in Richtung des Heiligen Grabes, steht der Tempel unseres Herrn, sehr schön und hoch gewölbt, groß und mit Zinn überzogen. Um ihn herum ist ein schöner Platz mit Häusern, der mit weißem Marmor gepflastert ist. Dorthin lassen die Heiden weder Juden noch Christen. Gleich beim Tempel steht eine bleigedeckte Kirche, die Salomons Stall genannt wird, und links davon ein Palast, den man Salomons Tempel nennt. Darin ist eine Kirche, der heiligen Anna geweiht, mit einem Brunnen, und jeder, der darin badet, wird gesund, welche Krankheit auch immer er haben mag. An dieser Stelle hatte Jesus den Bettlägerigen geheilt.

Ganz in der Nähe ist Pilatus' Haus und gleich daneben das des Herodes, der die Kinder töten ließ. Ein Stück weiter entfernt steht die Kirche der heiligen Anna. Dort wird ein Arm von Sankt Johannes

Christostimus und der größere Teil des Hauptes von Sankt Stefan aufbewahrt. Will man auf den Berg Zion, so kommt man durch eine Gasse, in der die Jakobskirche steht. Nicht weit davon, an der Stelle, wo Maria lebte und auch starb, ist auch eine Kirche. Wo es zum Berg Zion hinaufgeht, steht eine Kapelle, in der der Stein liegt, der auf das Heilige Grab gerollt wurde; außerdem ist dort die Säule, an die Jesus gebunden wurde, als ihn die Juden schlugen, denn dort stand Annas, der der Hohepriester der Juden war. Zweiunddreißig Stufen geht es zu der Stelle hinauf, an der Christus seinen Jüngern die Füße wusch, und ganz in der Nähe wurde Sankt Stefan begraben. Dort hörte auch Maria die Engel eine Messe singen. In derselben Kapelle, gleich beim Altar, saßen die zwölf Apostel am Pfingsttag, als der Heilige Geist zu ihnen kam, und an dieser Stelle beging auch der Herr mit seinen Jüngern den Ostertag. Der Berg liegt schon in der Stadt Jerusalem; er ist höher als die Stadt. Unterhalb des Berges ist eine schöne Burg, die der Sultan errichten ließ. Auf dem Berg sind Sultane, König David und viele andere Könige begraben. Zwischen dem Berg Zion und Salomons Tempel steht das Haus, in dem unser Herr die Jungfrau vom Tod erlöste.

Auch der Prophet Isaias liegt in der Stadt begraben, und vor der Stadt wurde der Prophet David bestattet. Zwischen dem Ölberg und Jerusalem liegt das Tal Josaphat[150], das bis an die Stadt heranreicht.

Es fließt ein Bach hindurch, und dort ist auch, vierzig Stufen unter der Erde, in einer Kirche das Grab Marias. Unweit davon liegen die Propheten Jakob und Zacharias begraben. Oberhalb des Tals liegt der Ölberg und ihm benachbart der Berg Galilea, der bis ans Tote Meer reicht. Von Jerusalem bis dorthin sind es zweihundert Stadien[151], und das Meer selbst ist einhundertfünfzig Stadien breit. Der Jordan fließt ins Tote Meer, und unweit der Mündung steht die Kirche des heiligen Johannes. Ein Stück flußauf baden sich die Christen im allgemeinen im Jordan, denn dort ist er weder breit noch tief. Er hat aber viele Fische. Der Fluß entspringt aus zwei Quellen im selben Gebirge, die eine heißt Jor, die andere Don; von daher hat er seinen Namen. Er fließt durch einen See und kommt dann auf eine weite Ebene, auf der die Heiden mehrmals im Jahr Markt halten. Auf dieser Ebene ist auch das Grab Jakobs. Ich war auf dieser Ebene mit einem jungen König unter dreißigtausend Mann, die ihm der türkische König geliehen hatte. Im Jordantal leben viele Christen, darunter viele Griechen. Es war im Jahre 1280, als die Heiden das Heilige Grab eroberten.

Ebron liegt sieben leg von Jerusalem entfernt und ist die Hauptstadt des Philisterlandes. Dort sind die Gräber der Patriarchen Adam, Abraham, Isaak und Jakob und deren Weiber Eva, Sarah, Rebecca und Lea. Dort ist auch eine schöne Kirche, die die Heiden wegen der heiligen Väter, die dort liegen, sehr gut hüten und in Ehren halten. Sie lassen weder Christen noch Juden hinein, außer diese hätten die Erlaubnis des Sultans. Sie meinen, wir seien unwürdig, an eine so heilige Stätte zu treten.

Vor der Stadt Missir, die die Christen Kairo nennen, liegt der Garten, in dem Balsam wächst, der sonst nur noch in Indien gedeiht. Der Sultan hat dadurch große Einnahmen. Die Heiden verfälschen ihn durch vielerlei, ebenso die Kaufleute und die Apotheker, die auch viel hineinmischen, damit sie daran möglichst viel Gewinn machen. Aber echter Balsam ist klar, gelblich und hat einen guten Geruch. Ist er aber dick und rot, so ist er nicht echt. Nimm einen Tropfen Balsam in die Hand und halte ihn in die Sonne. Ist er echt, so kannst du die Hitze der Sonne nicht aushalten, weil dich dünkt, alles glühe in deiner Hand. Nimm dann einen Tropfen Balsam auf ein Messer und halte es ins Feuer. Verbrennt der Balsam, dann ist er echt. Oder nimm eine silberne Schale oder einen Becher voll Ziegenmilch, rühre fest um und gib einen Tropfen Balsam hinein. Ist er gut, so gerinnt die Milch augenblicklich. So kann man Balsam prüfen.

Kapitel 41

Von dem Brunnen im Paradies mit den vier Wassern

Im Paradies gibt es eine Quelle, aus der vier Flüsse entspringen, die dann durch verschiedene Länder fließen. Der erste heißt Phison und fließt durch Indien. In diesem Fluß findet man viel Gold und Edelsteine. Der zweite, der Nilus, fließt durchs Mohrenland und durch Ägypten. Der dritte ist der Tigris, der Asia und Großarmenien durchquert, und der vierte, der Euphrat, fließt durch Persien und Kleinarmenien. Von diesen vier Flüssen habe ich den Nil, den Tigris und den Euphrat gesehen. Ich bin jahrelang in den Ländern, die diese Flüsse durchqueren, gewesen und habe dort viel Gutes, aber auch viel Schlechtes erlebt, wovon noch viel zu erzählen wäre.

Kapitel 42

Wie in Indien der Pfeffer wächst

Großindien, wo der Pfeffer wächst, habe ich nicht selbst besucht, habe aber viel von den Reisenden in heidnischen Ländern erfahren, die mit eigenen Augen gesehen haben, wo er wächst und wie. Vor allem, so hörte ich, wächst er bei einer Stadt Lambe[152] in einem Wald namens Lambor. Dieser Wald erstreckt sich vierzehn Tagesreisen weit. In dem Wald gibt es zwei Städte und viele Dörfer, die von Christen[153] bewohnt werden. Es ist da, wo der Pfeffer wächst, sehr heiß. Er wächst auf Bäumen, die wilden Weinreben ähnlich sind, und die Früchte gleichen Schlehen, sind aber grün. Man bindet ihn an Stecken wie den Wein. Die Bäume tragen sehr viele Früchte, die dann reif sind, wenn sie grün werden. Dann pflückt man den Pfeffer und dörrt ihn an der Sonne wie Weinbeeren. Es gibt dreierlei Pfeffersorten: langer und schwarzer, der mit Blättern wächst, und dann noch weißen; der ist der beste, und sie behalten ihn im Land, denn davon gibt es nicht so viel wie von den anderen Sorten. Wegen des heißen Klimas gibt es dort sehr viele Schlangen. Einige sagen, der Pfeffer werde schwarz, weil sie, wenn er reif ist, Feuer im Wald machen, um die Schlangen zu vertreiben.

Das kann aber nicht wahr sein, denn von dem Feuer würden auch die Bäume dürr und könnten keine Frucht mehr tragen. Wahr ist aber, daß sie ihre Hände im Saft von apfelähnlichen Früchten waschen, die man Limonen nennt, oder sie nehmen andere Kräuter, die sie dort haben. Vor dem Geruch fliehen die Schlangen, und so können sie gefahrlos den Pfeffer pflücken. Im Land wächst auch guter Imber[154] und noch viele andere Gewürze.

Kapitel 43

Von Alexandria

Alexandria ist eine schöne Stadt, etwa sieben welsche Meilen lang und drei breit. Der Nil fließt dort ins Meer, und er ist die einzige Trinkwasserquelle; sonst gibt es nur noch Wasser aus Zisternen. Es kommen viele Handelsschiffe aus welschen Landen, von Venedig und Genua. Die Genuesen haben dort eine eigene Handelsniederlassung und die Venezianer gleichfalls. In Alexandria ist es Sitte, daß diese Welschen zur Vesperzeit alle in ihre Handelshäuser gehen müssen; sie dürfen sich nicht länger in der Stadt aufhalten, denn das ist ihnen bei Strafe an Leib und Gut verboten. Es kommt dann ein Heide, verschließt die Handelshäuser und nimmt den Schlüssel bis zum Morgen mit sich, dann schließt er wieder auf. Die Alexandriner fürchten, die Welschen könnten die Stadtherrschaft an sich reißen, denn die Stadt wurde schon einmal von einem König von Zypern erobert.

An der Hafeneinfahrt von Alexandria steht ein schöner, hoher Turm, und es ist noch nicht lange her, da war auf diesem Turm ein Spiegel, worin man die Schiffe von Alexandria bis Zypern auf dem Meer

Alexandria

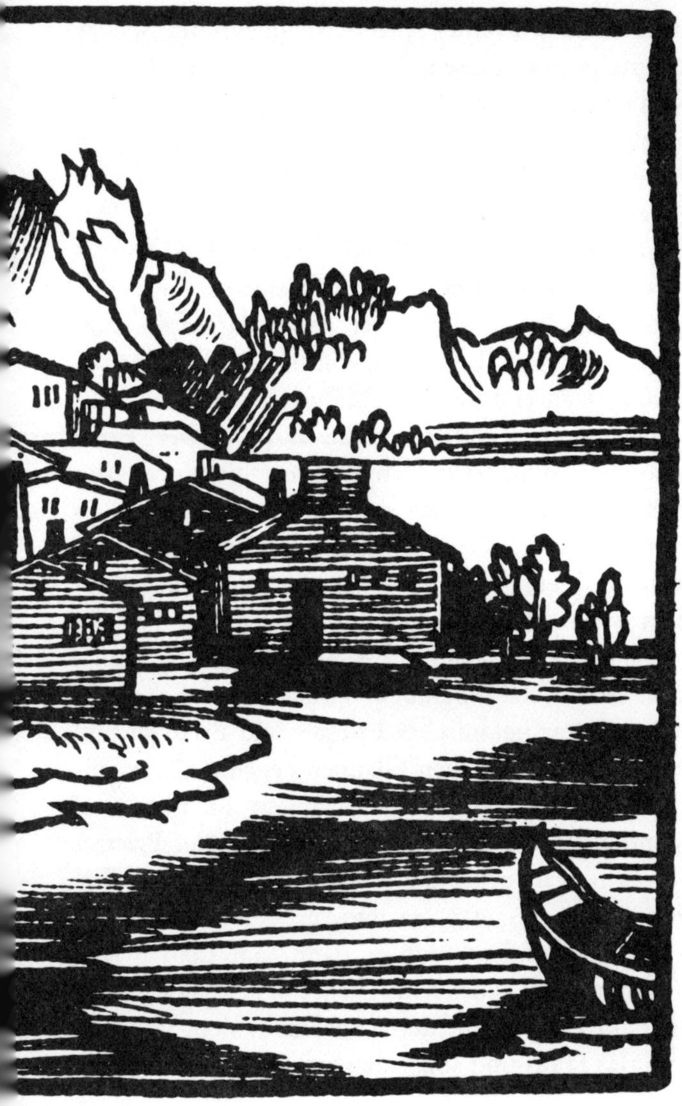

fahren sehen konnte. Alle Bewegungen der Schiffe konnte man in diesem Spiegel beobachten. Als der König von Zypern damals gegen Alexandria Krieg führte, konnte er nichts ausrichten. Da kam ein Priester zu diesem König und fragte, was er ihm geben wolle, wenn er den Spiegel zerbreche. Der König versprach, er wolle ihm, wenn er den Spiegel zerstöre, das Bistum in seinem Reich geben, das er sich wünsche. Der Priester reiste daraufhin zum Papst nach Rom, berichtete von seinem Plan und bat darum, während der Durchführung seinen christlichen Glauben verleugnen zu dürfen. Der Papst erlaubte es ihm, doch dürfe er es nur mit Worten tun und nicht mit Werken oder von Herzen, und es geschehe nur um des christlichen Glaubens willen, weil die Heiden den Christen mit dem Spiegel auf dem Meer großen Schaden zufügten. Der Priester begab sich von Rom nach Alexandria, bekehrte sich zum heidnischen Glauben, studierte ihre Schriften, wurde sogar heidnischer Priester und Prediger und lehrte den heidnischen Glauben gegen den christlichen. Die Heiden erwiesen ihm große Ehre und wunderten sich, da er doch ein christlicher Priester gewesen war. Aber sie trauten und glaubten ihm dennoch. Sie sagten zu ihm, er könne sich einen Tempel wünschen, den er dann sein Lebtag lang behalten dürfe. Mitten im Turm mit dem Spiegel war aber ein Tempel, und den wünschte er sich. Sie gaben ihm das Haus und sogar den Schlüssel zum Spiegel.

Inzwischen waren neun Jahre vergangen. Einige Zeit später ließ er dem zyprischen König ausrichten, er solle mit Schiffen kommen, er wolle den Spiegel zerbrechen, sobald er ihn in seiner Gewalt habe. Es müßten dann aber, so war sein Plan, Schiffe da sein, auf denen er entkommen könnte. So kamen eines Morgens viele Schiffe, und er zerschlug den Spiegel. Er mußte dreimal zuschlagen, ehe er zersprang. Von dem Klang der Schläge erschrak das Volk in der Stadt. Alle waren auf den Beinen, liefen zum Turm und schlossen ihn ab, damit der Priester nicht entkomme. Der sprang aber aus einem Fenster des Turms ins Meer hinab und stürzte sich dabei zu Tode. Bald darauf kam der König von Zypern mit einer großen Streitmacht übers Meer, eroberte Alexandria und hatte die Stadt drei Tage in seiner Hand. Dann zog der Sultan gegen ihn. Der König wollte nicht länger in der Stadt bleiben, brannte sie nieder, nahm die Einwohner gefangen und führte Frauen und Kinder mit Hab und Gut in sein Königreich.

Kapitel 44

Von einem riesenhaften Ritter

In Ägypten lebte einmal ein Ritter, der in heidnischer Sprache Allenklaissar hieß. Dort gibt es auch die Stadt Missir, die von den Christen Kairo genannt wird. Sie ist die Hauptstadt des Sultanats. In ihr findet man zwölftausend Backöfen. Der erwähnte Ritter war so stark, daß er eines Tages eine Bürde Holz in die Stadt getragen hat, mit der man alle Öfen heizen konnte. Diese eine Bürde hat dafür ausgereicht. Zum Lohn hat ihm jeder Bäcker ein Brot aus seinem Ofen gegeben, insgesamt also zwölftausend Brote. Die aß der Ritter alle an einem Tag.

Das Schienbein dieses Riesen liegt in Arabien, in einem Gebirge zwischen zwei Bergen. Dort ist ein sehr tiefes Tal im Fels, in dem ein Fluß fließt, aber so tief unten, daß man ihn nicht sehen kann; man hört nur das Rauschen. Über dieses Tal hat man das Schienbein des Riesen gelegt; es dient als Brücke. Wer auch immer dorthin kommt, zu Pferd oder zu Fuß, muß durch das Schienbein hindurchziehen. Es gibt auch eine Straße, auf der Kaufleute reisen, denn das Gebirge ist so steil, daß es nur diesen einen Weg gibt. Das Schienbein schützt die Heiden einen Farseng[155] weit, das ist ein Bogenschuß oder etwas mehr. Von den Kaufleuten verlangt man Zoll. Davon kauft man Baumöl und salbt damit das Bein, damit es nicht verfault. Vor nicht allzu langer Zeit hat ein Sultan bei dem Schienbein eine Brücke bauen lassen, denn es ist, einer Inschrift auf der Brücke zufolge, schon fast zweihundert Jahre alt. Er tat dies, damit ein Fürst, der mit großem Gefolge hier vorbeikommt, über die Brücke ziehen kann und nicht durch das Bein muß. Will er aber um des Wunders willen hindurchziehen, so mag er das tun, damit er sagen kann, es gebe in diesem Land ein unglaubliches Wunder, das Wirklichkeit ist. Wenn es nicht wahr wäre und ich es nicht selbst gesehen hätte, würde ich nicht davon berichten.

Kapitel 45

Die verschiedenen Religionen der Heiden

Interessant ist, daß die Heiden fünf verschiedene Religionen haben. Erstens gibt es etliche, die an einen Ritter, Ali genannt, glauben, der ein großer Verächter der Christenheit war. Dann gibt es welche, die an einen Molwa[156] glauben, der ein heidnischer Priester war. Drittens haben einige den Glauben der Drei Könige, bevor diese getauft wurden. Dann gibt es noch solche, die an das Feuer[157] glauben. Sie meinen, daß die Flamme das Opfer gewesen sei, als Abel, Adams Sohn, dem Allmächtigen sein Opfer brachte, und deshalb glauben sie an dieses Opfer. Schließlich glaubt der größte Teil der Heiden an einen, der Mohammed geheißen hat.

Kapitel 46

Wie Mohammed und sein Glaube aufgekommen sind

Hier berichte ich nun von Mohammed, wie er bekannt wurde und wie seine Religion entstanden ist. Geboren wurde er in Arabien. Seine Eltern waren arme Leute. Als er dreizehn Jahre alt war, zog er in die Fremde. Er kam zu Kaufleuten, die nach Ägypten ziehen wollten, und er bat sie, ihn doch mitzunehmen. Sie nahmen ihn auf, doch mußte er die Kamele und die Pferde hüten. Wo immer Mohammed ging oder stand, da schwebte auch eine schwarze Wolke über ihm. Als die Karawane nach Ägypten kam, schlug sie ihr Lager bei einem Dorf auf. Zu dieser Zeit gab es Christen in Ägypten, und so kam der Pfarrer des Orts und lud die Kaufleute ein, mit ihm zu essen. Sie nahmen die Einladung an, nur Mohammed sollte derweilen die Kamele und Pferde hüten, und so geschah es.

Als sie in des Pfarrers Haus kamen, fragte der, ob sie alle da seien, und die Kaufleute antworteten: »Wir sind alle da, bis auf einen Knaben, der die Reittiere bewacht.« Dieser Pfarrer hatte aber eine Prophezeiung gelesen, daß einer, der aus zweierlei Geschlechtern geboren war, eine Religion gegen die christliche

Religion schaffen würde. Zum Zeichen stünde überall da, wo dieser Mensch sei, eine schwarze Wolke. Der Pfarrer ging vor das Haus, und da sah er über dem jungen Mohammed eine schwarze Wolke stehen. Als er ihn nun gesehen hatte, bat er die Kaufleute, den Knaben hereinzubringen, und sie holten ihn. Der Pfarrer fragte ihn nach seinem Namen, und er antwortete »Mohammed«. Diesen Namen hatte der Priester in der Prophezeiung auch gelesen und außerdem noch, daß Mohammed ein mächtiger Herr würde und der Christenheit sehr große Beschwernisse brächte. Sein Glaube werde keine tausend Jahre währen und danach wieder abnehmen. Als der Pfarrer vernahm, daß der Knabe Mohammed hieß und stets eine schwarze Wolke über ihm war, da begriff er, daß dies der Mann war, der die neue Religion schaffen sollte, und er setzte ihn oberhalb der Kaufleute an den Tisch und erwies ihm große Ehre. Nach dem Essen fragte er die Kaufleute, ob sie den Knaben kannten, und sie antworteten: »Nein, er ist zu uns gekommen und hat uns gebeten, ihn mit nach Ägypten zu nehmen.« Der Priester erzählte ihnen dann, was er in der Prophezeiung gelesen hatte, daß nämlich dieser Knabe eine Religion gegen die christliche schaffen würde, die diese sehr bedrängen werde. Das Kennzeichen sei eine schwarze Wolke, die stets über ihm schwebe. Er zeigte ihnen die Wolke und sagte, sie sei schon auf dem Schiff über ihm gewesen. Zu dem Knaben sprach er: »Du wirst einmal ein großer Lehrer und wirst unter den Heiden eine Religion schaffen und die Christen mit deiner Macht unterdrücken. Auch dein Geschlecht wird große Macht erlangen. Ich bitte dich nur, daß du mein Geschlecht, die Armenier, in Frieden läßt.« Das versprach ihm der Knabe.

Darauf zog er mit den Kaufleuten nach Babylon. Er wurde ein großer Gelehrter der heidnischen Schriften und predigte den Heiden, sie sollten an Gott, den Schöpfer des Himmels und der Erde, glauben und nicht an ihre Götzen. Diese seien nur menschliche Schöpfungen. Sie hätten Ohren und hörten nicht, Augen und sähen nicht, einen Mund und sprächen nicht, Füße und gingen nicht, sie könnten ihnen nicht helfen, weder an Leib noch an

Seele. So bekehrte er den König von Babylon und mit ihm viel Volk. Da nahm ihn der König auf und gab ihm Macht über das Land, die er nutzte.

Als der König starb, nahm Mohammed dessen Hauptfrau und wurde ein mächtiger Kalif, was soviel ist wie ein Papst. Er hatte vier Männer bei sich, die im heidnischen Sinne gelehrt waren und denen er jedem ein Amt übergab. Der eine erhielt die geistliche Aufsicht, der zweite die weltliche. Dem dritten, der Abubach[158] hieß, gab er die Aufsicht über Waagen und Handwerk. Er sollte darauf achten, daß jeder sein Handwerk getreulich ausübte. Den vierten machte er zum Aufseher über seine Anhänger und schickte ihn nach Arabien, damit er die Christen bekehre, denn damals gab es dort noch Christen. Wer sich nicht bekehren lassen wolle, den solle er mit dem Schwert dazu zwingen. In dem heidnischen Buch Alkori[159] kann man lesen, daß er in Arabien an einem Tag neunzigtausend Mann um Mohammeds Glauben willen erschlagen hat. So bekehrte er ganz Arabien, und Mohammed gab ihnen ein Gesetz, wie sie sich gegen Gott, den Schöpfer des Himmels und der Erde, verhalten sollten.

Dieses heidnische Gesetz beginnt folgendermaßen: Wenn ein Knabe geboren wird und er erreicht das Alter von dreizehn Jahren, so soll man ihn beschneiden. Es sind fünf Tageszeiten festgesetzt, die sie betend verbringen sollen. Das erste Gebet ist bei Tagesanbruch, das nächste zur Mittagszeit, das dritte zur Vesperzeit, das vierte vor Sonnenuntergang und das fünfte, wenn sich Tag und Nacht scheiden. Mit den ersten vier Gebeten loben sie Gott, der Himmel und Erde geschaffen hat, mit dem fünften bitten sie Mohammed, bei Gott Fürsprache für sie einzulegen. Zu jeder dieser Zeiten müssen sie in den Tempel gehen. Bevor sie dort eintreten, muß sich jeder waschen: den Mund, Hände und Füße, Augen und Ohren. Wenn einer aber mit seiner Frau zusammen war, so darf er erst in den Tempel, wenn er den ganzen Körper gereinigt hat. Das tun sie, so wie wir Christen beichten. Der Mohammedaner meint, wenn er sich wasche, sei er so rein wie ein Christ, der voller Reue vor dem Priester gebeichtet hat. Bevor sie den Tempel betreten, ziehen sie sich die Schuhe aus und gehen barfuß hinein. Sie dürfen keine Waffen, auch nicht das kleinste Messer, mit hineinnehmen, und es dürfen, solange Männer im Tempel sind, auch keine Frauen hinein. Wenn sie sich im Tempel versammeln, so stehen sie nebeneinander, legen die Hände zusammen, verneigen sich und küssen die Erde. Ihr Priester sitzt vor ihnen auf einem Stuhl und spricht das Gebet vor, und alle sprechen ihm nach. Auch darf im Tempel keiner mit dem Nachbarn sprechen, noch ihn ansehen, bis das Gebet beendet ist. Sie setzen im Tempel auch keinen Fuß vor den andern, sondern die Füße sind immer nebeneinander. Sie dürfen nicht im Tempel umhergehen und sich auch nicht umschauen. Sie stehen ganz ruhig auf einer Stelle, falten die Hände, und zwar so lange, bis ihr Gebet verrichtet ist. Haben sie ihr Gebet beendet, dann grüßen sie einander, und erst dann verlassen sie das Gotteshaus. Im Tempel bleibt auch keine Türe offen stehen. Es gibt dort keine Bilder oder Gemälde, nur Schriftzeichen und Blumen- oder Rautenornamente. Sie lassen auch keinen Christen hinein. Außerdem darf keiner im Tempel ausspucken oder husten oder ähnliches. Würde er es trotzdem tun, müßte er hinausgehen und sich waschen; außerdem müßte er viel Tadel der anderen erdulden. Muß einer niesen, husten oder ausspucken, so muß er das Haus verlassen und sich dann reinigen.

Interessant ist, daß sie den Freitag feiern wie wir den Sonntag. Wer an ihrem Feiertag nicht in den Tempel geht, den nimmt man und bindet ihn auf eine Leiter. Er wird dann durch alle Straßen der Stadt getragen und vor dem Tempel angebunden, bis das Gebet beendet ist. Dann erhält er fünfundzwanzig Rutenstreiche auf den nackten Körper, egal ob er reich ist oder arm. Alles, was ihre Tiere am Feiertag geben, bringen sie ins Spital. Ihre Priester sagen, wenn sie am Feiertag ihre Gebete verrichten, dann könnten sie ruhig arbeiten, denn Arbeit sei heilig und die Menschen begingen mit Müßiggang mehr Sünden als mit Arbeit. Deshalb wird dem Volk, wenn es die Gebete verrichtet hat, auch erlaubt, am Feiertag zu arbeiten.

Sie erheben ihre Hände zu Gott und bitten im Chor um Rache über die Christenheit und sprechen dabei: »Allmächtiger Gott, wir bitten dich, daß du den Christen keinen Frieden schenkst.« Sie meinen nämlich, sie würden den Christen unterliegen, sobald diese vereint wären und Frieden untereinander hätten.

Es gibt dreierlei Gotteshäuser: eines, in das alle gehen, ähnlich einer Pfarrkirche; dann eines, in das die Priester gehen und das wie ein Kloster ist mit Pfründen. In der dritten Art sind die Könige und Mächtigen des Landes begraben. Dort werden nach Gottes Willen arme Leute beherbergt, seien es Juden, Christen oder Heiden. Dieser Tempel ist also wie ein Spital. Die erste Art Tempel heißt mesgit, die zweite medrassa und die dritte amarat. Im eigentlichen Gotteshaus und auch drumherum begraben sie keine Toten. Die werden auf dem Feld und an der Landstraße begraben. Das tun sie, damit jeder, der vorbeigeht, bei Gott für sie bete. Ist es für jemanden Zeit zum Sterben, so stehen die Angehörigen um ihn herum und sprechen zu ihm, daß er Gott gedenken und ihn anrufen soll, damit er sich seiner erbarme. Ist er gestorben, dann waschen sie ihn draußen, und ihre Priester tragen ihn mit Gesang zum Grab und bestatten ihn.

Einen Monat im Jahr fasten die Heiden, und zwar jedes Jahr in einem anderen Monat. Sie fasten den ganzen Tag, bleiben ohne Speise und Getränk, bis die

Sterne am Himmel stehen. Dann steigt der Priester auf einen Turm und ruft das Volk zum Gebet. Sie gehen also ins Gotteshaus und verrichten ihre Gebete. Erst danach gehen sie heim und essen die ganze Nacht Fleisch oder was sie sonst haben, bis zum Morgengrauen. In der Fastenzeit gehen sie auch nicht zu ihren Frauen. Eine Schwangere oder eine Frau im Kindbett darf auch tagsüber essen, ebenso die Kranken. Im Fastenmonat verlangen sie auch keinen Zins, weder für ein Haus noch für andere zinsbare Dinge.

Kapitel 47

Vom Ostertag der Heiden

Vom Ostertag der Heiden gibt es folgendes zu berichten: Wenn die vierwöchige Fastenzeit vorbei ist, haben sie drei Tage lang Feiertag. Am Morgen des ersten Tages gehen sie in den Tempel und verrichten wie gewohnt ihre Gebete. Danach geht das gemeine Volk hin und legt Harnische an und versammelt sich vor dem Haus des obersten Priesters, Herren wie Knechte der Stadt. Im Haus des Priesters nehmen sie das Tabernakel und zieren es mit goldenen und samtenen Tüchern. Die besten Führer nehmen es dann auf und tragen es vor den Tempel. Vor dem Tabernakel trägt man ihre Fahne voran, und es gibt auch allerlei Musikanten, die ebenfalls vorneweg gehen. Sind sie vor dem Gotteshaus angekommen, setzen sie das Tabernakel ab, und der oberste Priester geht hinein und predigt darin. Danach geben sie ihm ein Schwert in die Hand, das zieht er aus der Scheide und spricht zu der Menge: »Rufet Gott an, auf daß er uns gegen all diejenigen Kraft und Macht gebe, die gegen die Religion Mohammeds sind, und auf daß wir sie mit dem Schwert besiegen.« Dann recken alle die Hände gen Himmel und bitten den Herrn, daß es so geschehe. Anschließend gehen die mächtigsten Herren in den Tempel und beten. Das gemeine Volk muß in der Zwischenzeit das Tabernakel und die Herren bewachen. Haben diese gebetet, so nehmen sie das Tabernakel mit dem Priester darin wieder auf und bringen es mit den Spielleuten und dem Banner zurück zum Haus des Priesters. Dann geht jeder heim und feiert die drei Tage lang.

Kapitel 48

Von einem anderen Feiertag

Einen Monat später haben sie noch einen Feiertag zu Ehren Abrahams. An diesem Tag stechen sie Lämmer und Ochsen ab und geben das Fleisch den Armen nach dem Willen Gottes und zur Ehre Abrahams, weil dieser Gott gehorchte und ihm seinen Sohn opfern wollte. Zu der Zeit gehen die Heiden auch zu Mohammeds Grab und zu dem Tempel, den Abraham errichtete. Der liegt vor der Stadt Medina, in der Mohammed bestattet ist. An diesem Feiertag bedeckt der Sultan den Tempel Abrahams mit einem schwarzen Samttuch, von dem ein Priester für jeden heidnischen Pilger, der dahin kommt, einen Flecken abschneidet. Diesen darf er, als Zeichen dafür, daß er dort war, mitnehmen.

Kapitel 49

Vom Gesetz der Heiden

Hier berichte ich nun über die Gebote, die Mohammed den Heiden als Gesetz gab. Zuerst hat er ihnen verboten, die Bärte abzuschneiden, da dies gegen das Gebot Gottes verstoße, der Adam als ersten Menschen nach seiner göttlichen Gestalt schuf. Deshalb, so sagen die Heiden, habe sich jeder, der anders aussieht, als Gott ihn geschaffen hat, verändert und handele gegen göttliches Gebot, egal ob er nun jung oder alt sei. Sie meinen auch, daß einer, der sich den Bart abschneidet, hochmütig und eitel sei und sich der Welt zum Wohlgefallen ziere. Dadurch verschmähe er die göttliche Schöpfung. Ganz besonders machten das aber die Christen, um damit ihren Frauen zu dienen. Das sei eine besondere Widerwärtigkeit an ihnen, daß sie die Gestalt, die Gott ihnen gab, aus Eitelkeit verändern.

Dann hat Mohammed den Heiden geboten, keiner solle vor dem andern die Kopfbedeckung abnehmen und das Haupt entblößen, weder gegenüber König und Kaiser noch gegenüber Edlen oder Unedlen. Dieses Gebot halten sie ein. Kommt aber ein Mächtiger vorbei, so neigen sie sich und knien nieder. Sie sagen auch, man solle das Haupt vor einem Verstorbenen entblößen, wenn es sich um Vater, Mutter oder einen Freund handelt, und so tun sie es. Wenn sie einen beklagen, so ziehen sie den Hut ab, werfen ihn vor ihm auf die Erde und beklagen ihn dann.

Mohammed hat erlaubt, daß sich jeder so viele Frauen nehmen darf, wie er ernähren kann. Es ist auch Gesetz, daß einer, ist seine Frau schwanger, nicht zu ihr gehen darf, bis sie niedergekommen ist und noch weitere vierzehn Tage. In dieser Zeit kann er aber auch bei einem anderen Weibe schlafen. Die Heiden sagen auch, daß sie nach dem Jüngsten Tag mehrere Frauen haben werden, mit denen sie schlafen, doch bleiben diese immer Jungfrauen. Außerdem glauben sie, Gott habe die Ehe nur für diejenigen geschaffen, die im Glauben Mohammeds sterben.

Der hat ihnen auch geboten, nur Tiere und Vögel zu essen, denen sie den Hals abschneiden, damit das Blut herauslaufen kann. Daran halten sie sich, und sie essen auch kein Schweinefleisch, weil Mohammed ihnen das verboten hat.

Kapitel 50

Warum Mohammed den Heiden den Wein verboten hat

Darüber, warum Mohammed ihnen den Wein verboten hat, erzählen die Heiden folgendes: Er kam eines Tages mit seinen Dienern vor ein Haus, in dem ein großes Fest mit vielen Menschen im Gange war. Er fragte, warum die Menschen so fröhlich seien, und einer seiner Diener antwortete, daß das vom Wein käme. Darauf sagte Mohammed: »Der Wein ist also ein Getränk, das die Menschen fröhlich macht.« Am nächsten Abend kam er wieder an dem Haus vorbei und hörte ein großes Geschrei. Männer und Frauen schlugen aufeinander ein, und zwei wurden dabei erschlagen. Er erkundigte sich abermals nach dem Grund, und einer seiner Diener sagte: »Das Volk, das zuvor so fröhlich war, ist nun von Sinnen gekommen. Sie haben zu viel Wein getrunken und wissen nicht mehr, was sie tun.« Da verbot Mohammed allen, die dem Wein zusprachen, bei schwerer Strafe, in Zukunft Wein zu trinken, seien es Geistliche, Weltliche, Kaiser, Könige, Herzöge, Freie, Ritter, Knechte oder Schergen. Alle, die seinem Glauben anhingen, sollten keinen Wein mehr trinken, egal ob sie gesund oder krank wären. Das ist also der Grund, warum er ihnen den Wein verboten hat, wie mir die Heiden erzählten.

Er hat ihnen aber auch geboten, die Christen und alle, die gegen seine Religion seien, Tag und Nacht zu bekämpfen, ausgenommen die Armenier; die sollten unter ihnen frei sein. Wenn sie über Armenier herrschten, sollten diese einen Monat nicht mehr als zwei Pfennig Zins zahlen. So hatte es Mohammed dem armenischen Priester versprochen, wie ich es vorhin erzählt habe. Mohammed hat auch gesagt, sie sollten die Christen, wenn sie sie besiegt hätten, nicht töten, sondern sie vielmehr bekehren, um die eigene Religion zu stärken und zu verbreiten.

Kapitel 51

Von einer Sekte der Heiden

Zu der Zeit, als Mohammed noch auf der Erde weilte, hatte er vierzig Diener. Diese haben eine besondere Gesellschaft gegründet und ein Bündnis gegen die Christen geschlossen. Ihr Gesetz ist folgendes: Wer in ihrer Gesellschaft sein will, der muß schwören, keinen Christen, den er trifft, am Leben zu lassen, noch ihn gefangen zu nehmen, weder aus Gunst noch für Geld. Wer nicht bei einem Kampf der Heiden gegen die Christen dabeisein kann, soll einen Christen kaufen und ihn töten. Die Mitglieder dieser Gesellschaft heißen Ghasi. In der Türkei gibt es viele von ihnen, die wegen dieses Gesetzes immer wieder gegen die Christen ins Feld ziehen.

Kapitel 52

Wie ein Christ zu einem Heiden wird

Interessant ist, wie ein Christ zu einem Heiden werden kann. Will ein Christ zum heidnischen Glauben übertreten, so muß er erst einmal einen Finger hochhalten und folgende Worte sprechen: »La il lach illallach, der wahre Bote Mohammeds.« Hat er das gesprochen, führen sie ihn vor den obersten Priester. Dort muß er die Worte noch einmal sprechen und seinen christlichen Glauben verleugnen. Danach legen sie ihm ein neues Gewand an, und der Priester bindet ihm ein neues Tuch um das Haupt. Das machen sie, damit man erkennt, daß er Heide ist, denn die Christen tragen blaue und die Juden gelbe Tücher um den Kopf. Dann gebietet der Priester allen Leuten, Rüstung anzulegen, und wer ein Pferd hat, der soll reiten. Das gilt auch für alle Priester, die in der Gegend sind. Wenn sich alle versammelt haben, setzen sie den Bekehrten auf ein Pferd, und dann muß das gemeine Volk voranreiten und die Priester hinterhergehen. Auch haben sie Posaunen, Pauken und Flöten dabei. Zwei Priester reiten neben dem Bekehrten und führen ihn so in der ganzen Stadt herum. Alle Heiden schreien mit lauter Stimme und loben Mohammed. Die beiden Priester sprechen vor: »Thary wirdur, messe chulochur, maria lara baschidur machmet kassuldur.« Das bedeutet so viel wie: Es ist Gott und der Messias sein Knecht und Maria seine Tochter und Mohammed sein höchster Prophet. Wenn sie ihn in der ganzen Stadt durch alle Gassen geführt haben, nehmen sie ihn mit zum Tempel und beschneiden ihn. Ist er arm, so sammeln sie große Güter für ihn und geben sie ihm. Die höchsten Herren ehren ihn besonders und machen ihn reich. Das tun sie, damit sich die Christen leichter zum heidnischen Glauben bekehren.

Ist es eine Frau, die zum Islam übertritt, so wird auch sie zum obersten Priester geführt, wo sie die oben genannten Worte sprechen muß. Dann nimmt der Priester den Gürtel der Frau, schneidet ihn in Stücke und macht ein Kreuz daraus. Darauf muß die Frau dreimal treten, dem christlichen Glauben abschwören und die genannten Worte sprechen.

Die Heiden haben in bezug auf ihre Kaufmannschaft einen guten Brauch. Will einer etwas kaufen, egal bei wem, so sagt er zum Verkäufer: »Du sollst den von Gott vorgesehenen Gewinn haben, damit du dich ernähren kannst.« Dann nimmt der nicht mehr als einen Pfennig an vierzig Pfennigen oder nicht mehr als einen Gulden an vierzig Gulden. Das nennen sie einen gottgefälligen Kauf und Gewinn. Solches hat ihnen Mohammed geboten, in dem Sinne, daß sich einer vom anderen ernähre, der Arme vom

Reichen. Vor jeder Predigt sagen ihnen auch ihre Priester, sie sollen untereinander hilfsbereit sein und untertänig gegenüber den Herrschenden. Die Reichen seien demütig gegenüber den Armen. Sind sie das, so gibt ihnen der allmächtige Gott Kraft und Macht gegen ihre Feinde. Was immer ihnen der Priester von göttlichen Dingen vorsagt, das glauben sie und halten es gehorsam und untertänig ein.

So ist also der Glaube, den Mohammed den Heiden gegeben hat mit all den Gesetzen, von denen ich berichtete, soviel ich davon erfahren konnte.

Kapitel 53

Was die Heiden von Christus und Maria glauben

Die Heiden glauben, daß Jesus von einer Jungfrau geboren wurde, die auch nach der Geburt Jungfrau blieb. So glauben sie, daß Jesus nach der Geburt mit seiner Mutter sprach und sie tröstete und auch daß Jesus der höchste Prophet unter allen Propheten sei und nie gesündigt habe. Kein anderer sei ihm gleichgekommen. Sie glauben aber nicht, daß Jesus gekreuzigt wurde. Sie meinen sogar, die Christen hätten deshalb einen schlechten Glauben, weil sie das behaupten, obwohl doch Jesus der beste Freund Gottes war und nie gesündigt habe. Wenn Jesus völlig unschuldig gekreuzigt worden wäre, wäre Gott kein gerechter Richter.

Spricht man ihnen von Gott, dem Vater, Sohn und Heiligen Geist, so sagen sie, das seien drei Personen und nicht ein Gott, denn ihr Buch, der Koran, sagt nichts von der Dreifaltigkeit. Sagt man, daß Jesus das Wort Gottes sei, so antworten sie: »Das wissen wir wohl, daß Gott gesprochen hat, sonst wäre er nicht Gott.« Sagt man, daß die Weisheit der Sohn Gottes sei, der nach einem Wort, das ihr der Engel verkündete, von Maria geboren wurde, und spricht man von dem Wort, das besagt, wir Christen müßten alle vor ein Gericht, so antworten sie, es sei wahr. Niemand könne gegen das Wort Gottes sein. Sie sagen auch, daß niemand die Größe von Gottes Wort erkennen könne. Ihr Buch, der Koran, spricht auch davon und gibt eine Erklärung dessen, was der Engel zu Maria sprach, daß nämlich Jesus von dem Wort Gottes geboren wurde.

Sie sagen weiter, daß Abraham Gottes Freund und Moses sein Prophet gewesen sei, und Jesus sei Gottes Wort. Mohammed sei aber der wahre Bote Gottes gewesen. Sie meinen auch, Jesus sei unter den vier Würdigsten und am nächsten bei Gott. Er werde auch das Jüngste Gericht abhalten über alle Menschen.

Kapitel 54

Was die Heiden über die Christen sagen

Die Heiden behaupten, daß sie die Länder, die sie von den Christen erobert haben, nicht aufgrund ihrer Macht, Weisheit oder gar Heiligkeit besitzen, sondern weil die Christen soviel Ungerechtigkeit, Widerwärtigkeit und Hochmut gegenüber den Heiden zeigten. Deshalb habe der allmächtige Gott beschlossen, daß sie den Christen ihr Land abringen sollten, weil diese weder ihre geistliche noch ihre weltliche Herrschaft gerecht führten. Sie sähen bei ihren Rechten nur auf Besitz und Gunst, und die Reichen unterdrückten in ihrem Hochmut die Armen. Sie seien ihren Armen weder mit Gaben noch mit Gesetzen behilflich und hielten die Worte nicht ein, die der Messias ihnen setzte.

Die Heiden sagen auch, sie fänden in ihren Prophezeiungen Anhaltspunkte dafür, daß die Christen sie wieder aus den eroberten Ländern vertreiben und diese zurückerobern würden. Solange die Christen aber in solcher Sünde und Widerwärtigkeit lebten und ihre geistlichen und weltlichen Herren ein solch unordentliches Leben führten, fürchteten sie sich nicht, wieder vertrieben zu werden. »Denn wir sind gottesfürchtig«, sagen die Heiden, »und handeln unserem Glauben gemäß recht und redlich, in Würde, Gott zum Lob und unserem Propheten Mohammed, dem liebsten Boten Gottes, zur Ehre. Er hat uns mit seiner Lehre einen rechten Glauben gegeben, ihm sind wir gehorsam, und seinen Geboten, die im Koran stehen, folgen wir williglich.«

Kapitel 55

Worin die Christen angeblich ihre Gebote nicht einhalten

Die Heiden werfen den Christen vor, daß sie sich weder an die Gebote noch an den Glauben des Messias hielten und daß sie auch nicht die Gebote des Buches Inzil, das auch Evangelium genannt wird, und nicht die Gesetze, die in diesem Buch stehen, befolgen.

Die Christen haben ihre besonderen Rechte beibehalten, sowohl die geistlichen wie auch die weltlichen Rechte, die den Geboten und Gesetzen des Buches Inzil widersprächen.

Die Gebote und Gesetze dieses Buches (= Inzil) aber seien allesamt heilig und gerecht, diejenigen aber, die die Christen erdichteten, seien falsch und ungerecht.

Diese Gesetze seien nur für Besitz und Ansehen gemacht, und all das richte sich gegen Gott und seinen liebsten Propheten.

Dies sei der Grund dafür, daß alles Unglück, alle Beschwerden und alle Not, die sie wegen der Ungerechtigkeit der Christen träfen, von Gott über sie alle verhängt worden seien.

Kapitel 56

Wann Mohammed lebte

Als Mohammed geboren wurde, zählte man 609 Jahre nach Christi Geburt. Die Heiden glauben, daß an dem Tag, an dem er geboren wurde, eintausendundeine Kirche von selbst eingestürzt seien. Dies sei geschehen als Zeichen dafür, daß er zu seiner Zeit die Christenheit sehr bedrohen werde.

Ich will noch die Sprachen anführen, die im griechischen Bekenntnis verwendet werden. Die erste ist die griechische, in der auch die Bücher geschrieben sind; bei den Türken wird sie urrum genannt. Dann gibt es die Reussensprache, die sie orrust heißen. Die dritte, das Bulgarische, nennen sie bulgar, das Wendische, die vierte Sprache, arnaut. Fünftens gibt es die Sprache der Walachei, ifflach genannt. Die sechste, die der Iassen, nennen die Heiden afs[160], zur siebenten, der Kuthia-Sprache sagen sie thatt, zum Sygun ischerkas[161]. Die neunte Sprache, die der Abukasen, heißt bei den Heiden appias[162], die zehnte, das Gorchillas[163], heißt kurtzi, und die elfte, Megrellen[164], nennen die Türken genauso.

Zwischen dem syrischen und dem griechischen Bekenntnis besteht nur ein Unterschied. Deshalb sagen die Griechen auch, es sei dasselbe. Die Syrer sind aber Jakobis, d. h. sie haben das Bekenntnis des heiligen Jakob, und danach muß jeder Priester die Oblaten, die er in Gottes Leib verwandeln will, mit eigener Hand herstellen. Wenn einer also den Teig macht, so nimmt er eines seiner Barthaare, legt es in die Oblate und verwandelt sie damit in Gottes Leib. Das ist ein wichtiger Unterschied zum griechischen Glauben. Alles was der syrische Priester in der Kirche singt oder liest, wird syrisch und nicht griechisch vorgetragen.

Kapitel 57

Von Konstantinopel

Konstantinopel ist eine sehr schöne, große und stattlich gebaute Stadt. Ihre Ringmauer hat bestimmt einen Umfang von zehn welschen Meilen und weist tausendfünfhundert Tore auf. Der Grundriß der Stadt ist dreieckig; zwei Seiten davon werden vom Meer umfangen. Bei den Griechen heißt die Stadt Istimboli, die Türken wiederum nennen sie Stampol.

Gegenüber liegt die Stadt Pera, von den Griechen wie den Heiden Kalathan[165] genannt. Zwischen beiden Städten ragt ein Meeresarm hinein, drei Meilen lang und etwa eine halbe breit. Auf diesem Meeresarm fahren sie zueinander, da der Landweg weiter ist. Pera oder Kalathan gehört zu Genua.

Alexander der Große hat einen fünfzehn Meilen langen Graben durch hohe Felsen und Gebirge graben lassen, dadurch fließen zwei Meere ineinander. Dasjenige, das fließt, ist das Große oder Schwarze Meer, in das die Donau und viele andere große Flüsse münden. Auf diesem Meer fährt man nach Kaffa, Alathena, Trabessanda[166] und Samson und noch in viele andere Städte, die um das Meer herum liegen. Den erwähnten Meeresarm bei Konstantinopel nennen die Griechen Hellespont, und die Türken sagen Boghes dazu. Gegenüber von Konstantinopel haben die Türken auf dem Meer einen Landeplatz, den sie Scutari nennen. Von dort setzen sie über. Nicht weit von Konstantinopel auf einer schönen Ebene lag Troja. Man kann noch gut erkennen, wo die Stadt lag.

Der Kaiser von Konstantinopel hat zwei Paläste in der Stadt. Der eine ist sehr schön und innen mit Goldlasur und Marmor reich verziert. Vor dem Palast ist ein großer Hof für Turniere und andere Unterhaltung, die man dort haben will. Auch steht da auf einer hohen Marmorsäule ein Reiterstandbild Kaiser Justinians. Ich fragte einen Bürger der Stadt, woraus das Standbild gemacht sei, und er antwortete, aus Glockenbronze; auch sei alles, Roß und Reiter, aus einem Guß. Einige hierzulande meinen auch, es sei aus Leder und stünde wohl schon tausend Jahre da. Wäre es aber aus Leder, so würde es nicht so lange gestanden haben, sondern wäre längst verfault. Der Reiter hatte einst einen goldenen Apfel in der Hand, als Zeichen dafür, daß er ein mächtiger Kaiser war über Christen und Heiden. Da der griechische Kaiser diese Macht heute nicht mehr besitzt, ist auch der Apfel verschwunden.

Das Reiterstandbild Kaiser Justinians

Kapitel 58

Von den Griechen

Gar nicht weit von Konstantinopel liegt die Insel Lemprie. Dort ist ein Berg so hoch, daß er bis an die Wolken von Konstantinopel reicht. Auf dem Berg steht eine Kirche, wie man sie nicht einmal in Indien schöner finden mag. Sie heißt Sankta Sophia und ist ganz mit Blei gedeckt. In der Kirche sieht man sich wie in einem Spiegel, so klar und rein ist der Marmor und die Lasur der Mauer gearbeitet.

Es ist die Kirche, in der der Patriarch mit seinen Priestern sich aufhält, und alle, die unter dem Patriarchen stehen, machen ihre Wallfahrt dahin, so wie wir unserer Sünden wegen nach Rom ziehen. Als Konstantin die Kirche erbauen ließ, hat er zur Verschönerung noch in der Mitte des Gewölbes fünf goldene Scheiben anbringen lassen. Jede Scheibe ist so groß und dick wie ein Mühlstein. Aber in dem Krieg, den der Kaiser gegen den Türkenkönig Bayazid führte, hat er, als die Türken sieben Jahre vor Konstantinopel lagen, zwei der Scheiben herabnehmen lassen.

Zu der Zeit war ich beim türkischen König. Ich habe selbst die drei Scheiben in der Kirche gesehen.

Die Kirche Sankta Sophia hat dreihundert Türen, die alle aus Messing gefertigt sind. In Konstantinopel war ich drei Monate lang im Haus des Patriarchen. Aber man erlaubte mir und meinen Kameraden nicht, in der Stadt herumzugehen, da man befürchtete, die Heiden würden uns erkennen und vom Kaiser zurückfordern. Ich hätte mir die Stadt gerne angesehen, aber es sollte nicht sein, da es der Kaiser verboten hatte. Trotzdem gingen wir mit den Dienern des Patriarchen einige Male aus.

Kapitel 59

Vom Glauben der Griechen

Auffällig ist, daß die Griechen nicht an die Dreifaltigkeit glauben, ebensowenig glauben sie an den Heiligen Stuhl und den Papst in Rom. Sie sagen vielmehr, ihr Patriarch habe ebensoviel Macht wie der Papst in Rom.

Das Sakrament wandeln sie mit geweihtem Brot, das sie mit Wein und warmem Wasser mischen. Wenn der Priester Gottes Leib wandelt, dann fallen alle auf das Antlitz, denn sie meinen, kein Mensch sei würdig, Gott anzusehen. Hat der Priester die Messe gehalten, so nimmt er das Brot, das er verwandelt hat und schneidet kleine Stückchen davon in eine Schüssel. Die Männer und Frauen setzen sich nieder, und der Priester oder sein Schüler geht herum und bringt ihnen das Brot. Jeder nimmt ein Stückchen und ißt es. Das Brot nennen sie prossura[167], und es wird weder von einem Mann noch von einer Frau, sondern nur von einer Jungfrau oder einer Klosterfrau gebacken.

Die Griechen geben auch den Kindern das Sakrament, dafür aber keinem Menschen das Heilige Öl. Sie sagen, das sei kein Brauch, die Menschen kämen erst am Jüngsten Tag in den Himmel oder in die Hölle, ein jeglicher so, wie er es verdient habe.

Sie halten nicht so viele Messen wie wir. Mehr als eine Messe am Tag solle man auf einem Altar nicht feiern, meinen sie. Es werden an ihren Altären keine lateinischen Messen gehalten, denn sie dürfen nur in der griechischen Sprache gelesen werden. Das Griechische gehört ihrer Meinung nach zum Glauben.

Die Griechen behaupten auch, daß nur ihr Glaube der rechte christliche Glaube sei, alle anderen seien falsch. Sie haben nur an Sonntagen Messe und nicht an Werktagen, denn ihre Priester sind alle Handwerker, die arbeiten müssen. Sie haben auch alle Frauen und Kinder, aber sie dürfen nur einmal heiraten. Stirbt einem Priester die Frau, so darf er keine andere mehr nehmen, weder als Ehefrau noch anders. Falls ein Priester etwas mit einer Frau hat und der Bischof erfährt davon, so nimmt er ihm sein priesterliches Amt, und er darf keine Messen mehr halten. Weiht der Bischof einen Priester, so legt er ihm einen Gürtel um, und wenn nun ein Priester gegen die Regeln verstößt, nimmt ihm der Bischof den Gürtel wieder. Das heißt, er darf keine Messe mehr lesen und hat sein Amt verloren. Es heiraten nur die besten und reichsten Frauen einen Priester. In einer Gesellschaft sitzt die Frau des Priesters immer zuoberst am Tisch, und gehen die Frauen zusammen, so hat die Frau des Priesters den Vortritt.

Ihre Kirchen sind nicht unabhängig. Wenn einer,

der eine Kirche erbaut hat, stirbt, so erben die Hinterbliebenen die Kirche so wie das andere Gut und können sie verkaufen wie ein anderes Haus auch.

Sie sagen, es sei keine Sünde, etwas mit einer ledigen Frau zu tun zu haben, und da es natürlich sei, könne es vor allem keine Todsünde sein. Wenn man in einem Monat von hundert Pfennigen zwei als Zins nimmt, so ist das ihrer Meinung nach ein gottgefälliger Gewinn und kein Wucher. Am Mittwoch essen sie kein Fleisch und am Freitag nur Öl und Fisch. Der Samstag aber ist nach ihren Worten kein Fasttag, und man kann da sehr wohl Fleisch essen.

In der Kirche stehen die Frauen gesondert, und weder Männer noch Frauen dürfen zum Altar vortreten. Schlagen sie ein Kreuz, so tun sie es mit der linken Hand. Wenn jemand stirbt, dann wird er nochmals getauft. Man findet auch viele Leute, die sich alle Jahre taufen lassen. Sie haben keinen Weihbrunnen in der Kirche. Ist der Bischof in der Kirche anwesend, so steht er im Chor im Kreise seiner Priester. Der Bischof ißt das ganze Jahr über kein Fleisch. In der Fastenzeit essen er und alle übrigen Geistlichen weder Fisch noch irgendetwas, das Blut hat. Wird ein Kind getauft, so hat es zehn oder mehr Taufpaten, die ihm ein Taufhemd oder eine Kerze bringen.

Die Griechen meinen, daß unsere Priester sündigen, wenn sie an jedem Tag, der dessen nicht würdig ist, eine Messe lesen. Sie behaupten auch, unsere Priester begingen eine Todsünde, wenn sie sich den Bart abschneiden, denn das sei nicht fromm, sondern unkeusch, und geschehe, um den Frauen zu gefallen.

Stirbt jemand und wird besungen, dann bekommen die Priester und die Leute nach altem Brauch gequollenen Weizen zu essen; dieser Weizen heißt coleba[168]. Die Toten werden vor der Bestattung gewaschen. Die Priester kaufen und verkaufen wie andere Kaufleute auch. Sie fasten auch während der richtigen Fastenzeit fünfzig Tage lang, zu Advent fasten Priester und Laien vierzig Tage lang, für die heiligen zwölf Apostel fasten sie dreißig Tage und zu Mariä Himmelfahrt fünfzehn Tage. Sie haben nur drei Feiertage im Jahr zu Ehren unserer Lieben Frau, denn sie feiern die Lichtmeß nicht. Auch das Fest der

Auferstehung unseres Herrn Jesus Christus haben sie nicht wie wir, sie feiern sie am dem Ostertag folgenden Freitag. Da singen sie »Xristos anesti«, was soviel heißt wie »Christus ist auferstanden«.

Kapitel 60

Wie die Stadt Konstantinopel gebaut wurde

Der Kaiser von Konstantinopel ernennt selbst die Patriarchen und verleiht den Kirchen alle Gottesgaben. Er ist in seinem Reich geistlicher und weltlicher Herrscher. Von griechischen Gelehrten habe ich oft gehört, daß Sankt Konstantinus mit vielen Koggen und Galeeren von Rom aus nach Griechenland gezogen sei, und zwar dorthin, wo heute Konstantinopel liegt. Da erschien ein Engel Gottes und sprach zu ihm: »Hier soll deine Wohnstatt sein. Nun aber sitze auf dein Pferd, schau nicht hinter dich, sondern reite bis zu der Stelle, von wo du aufgebrochen bist.« Er saß auf und ritt einen halben Tag lang, dann näherte er sich dem Ort, wo er aufgesessen war. Da drehte er sich um und sah, daß hinter ihm eine Mauer, wohl mannshoch, gewachsen war. Doch von da an, wo er sich umgedreht hatte, bis zu der Stelle, wo er losgeritten war, wollte die Mauer nicht stehen bleiben, und zwar auf etwa zwanzig Schritt oder mehr. Man hat später oft versucht, die Lücke auszufüllen, und hat aufgemauert, doch es wollte nichts stehen bleiben. Die Stelle geht aber zum Meer hin, so daß man sie weniger bewachen muß, als wenn es landeinwärts wäre. Ich habe selbst gesehen, daß an dieser Stelle die Mauer aus Palisaden errichtet ist. Deshalb sagen die Griechen auch, diese Mauer hätten die Engel gebaut. Auch die Krone, mit der man ihre Kaiser krönt, sei eine himmlische Krone; die habe ein Engel vom Himmel zu Sankt Konstantin gebracht. Deshalb gebe es auch keinen würdigeren und höhergeborenen Kaiser als den von Konstantinopel.

Wenn ein Priester stirbt, so legen sie ihm alles an, was ein Priester am Altar trägt, und setzen ihn auf einem Sessel in das Grab und bedecken ihn dann mit Erde. Das Lied, das sie einst nur einmal im Jahr sangen, das »ayos otheos«, singen sie nun an allen Feiertagen. In der Fastenzeit singen sie das Halleluja jeden Tag, wenn sie in der Kirche sind. Während der Messe singen sie Kyrie eleison und nicht Christe eleison. Sie sagen, es gebe nur eine Gottheit, und es sei kein Unterschied zwischen Gott dem Vater und Gott dem Sohn. Deshalb sei es nicht richtig, daß man Christus singe. Sie verbeugen sich auch demütig vor ihren Priestern. Begegnet ein Laie einem Priester, so nimmt er den Hut ab, verneigt sich demütig und sagt: »Segne mich, oh Herr!« Dann legt der Priester seine Hand auf das Haupt des Laien und spricht: »O theos efflon effenam«, was soviel heißt wie: Gott segnet dich. So halten sie es immer, Männer wie Frauen, wenn sie einem Priester begegnen.

Nimmt ein Priester eine Frau, so geschieht dies, bevor er zum Priester geweiht wird, und zwar, um zu sehen, ob er Kinder zeugt. Hat er keine Kinder, dann kann er nicht Priester werden. Sobald er aber ein Kind gezeugt hat, weiht man ihn zum Priester. Die Laien beten nur das Vaterunser, nicht jedoch das Glaubensbekenntnis noch das Ave Maria. Viele Priester tragen ein weißes Meßgewand.

Kapitel 61

Wie die Jassen heiraten

Bei den Gargettern und den Jassen gilt bei der Hochzeit folgender Brauch: Wenn sie eine Jungfrau verheiraten wollen, so stellen die Eltern des Bräutigams der Brautmutter die Bedingung, daß ihre Tochter eine reine Jungfrau sein muß. Sollte sie das nicht sein, wäre die Ehe ungültig. Dann wird die Ehe geschlossen. Bei der Hochzeit nun wird die Braut mit Gesang zum Ehebett geführt, wo sie sich niederlegt. Dann zieht der Bräutigam, von Jünglingen begleitet, mit einem blanken Schwert vor das Bett und schlägt einmal darauf. Nun lassen sich alle vor dem Bett nieder, essen und trinken und erfreuen sich mit Tanz und Gesang. Danach entkleiden sie den Bräutigam bis aufs Hemd und gehen dann alle hinaus. Wenn sich der Bräutigam zur Braut legt, kommt sein Bruder oder einer seiner nächsten Freunde und bewacht die Tür mit einem blanken Schwert, bis der Bräutigam wieder aufsteht. Entdeckt dieser, daß seine Braut keine Jungfrau mehr ist, dann läßt er es seine Mutter wissen. Diese kommt mit ihren Freunden zum Ehebett, wo sie die Laken gemeinsam begutachten. Finden sie keine Zeichen, die es normalerweise bei einer Jungfrau geben sollte, so werden alle traurig.

Kommen dann am nächsten Morgen die Brauteltern mit ihren Freunden zur Hochzeit, so hält die Mutter des Bräutigams ein Trinkgefäß bereit, das ein Loch im Boden hat. Sie füllt das Gefäß mit Wein und hält das Loch mit einem Finger zu. Dann bietet sie der Brautmutter zu trinken an, nimmt dabei den Finger weg, und der Wein rinnt unten heraus. Sie sagt dabei zur Brautmutter: »So ganz ist deine Tochter gewesen.« Das ist für die Brauteltern eine große Schande. Sie bekommen die Braut wieder, damit sie sie wegführen, und die Bräutigamseltern sagen, daß sie für ihren Sohn ein reines Mädchen zur Frau haben wollten; das sei aber ihre Tochter nicht gewesen. Danach kommen die Priester und angesehenen Bürger und legen bei den Eltern des Bräutigams Fürbitte für die Braut ein. Diese fragen dann ihren Sohn, ob er seine Braut noch haben wolle. Willigt er ein, geben ihm die Priester und ehrbaren Leute, die darum gebeten haben, das Mädchen zur Frau. Sagt er aber nein, so sind sie mit vollem Recht geschieden. Was sie mit in die Ehe gebracht hat, geben sie ihr wieder, und was er ihr an Kleidern gab, muß sie ebenfalls zurückgeben. Dann kann er eine andere Frau nehmen und sie einen anderen Mann.

Auch in Armenien gibt es bei vielen Leuten diesen Brauch. Die Heiden nennen sie die Gorgiten, bei den Jassen heißen sie Affs.

Kapitel 62

Von Armenien, seinen Städten und Sitten

In Armenien bin ich oft gewesen. Nach dem Tode Tämerlins kam ich zu seinem Sohn Scharoch, der in Armenien zwei Königreiche hatte. Er war gern in Armenien, denn die Landschaft dort ist sehr schön. Er verbrachte auch oft den Winter mit seinem Volk dort, da es schöne Weidegründe gibt. Ein großer Fluß, der Chur oder auch Tigris, fließt durch diese Lande. Hier am Fluß wächst die beste Seide. Die Landschaft heißt in heidnischer Sprache Karabag, und die Heiden hatten sie ganz in Besitz, wenn sie auch in Armenien lag. Auch in den Dörfern leben Armenier, doch sind sie den Heiden zinspflichtig. Ich wohnte immer bei Armeniern, denn sie sind den Deutschen gewogen und nahmen mich allein schon deshalb auf, weil ich ein Deutscher war. Sie lehrten mich ihr Vaterunser und ihre Sprache. Uns Deutsche nennen sie Njemisch.[169]

Armenien besteht aus drei Königreichen: Tiflis, Sis und Ersingen. Die Armenier heißen Isingkan, und das ist Kleinarmenien. Sie hatten lange Zeit Babylon in Besitz, haben nun aber kein eigenes Königreich mehr. Tiflis und Ersingen waren im Besitz von Tämerlins Sohn, als ich dort war. Sis gehörte dem Sultan von Ägypten, aber im Jahre 1277 wurde es vom Sultan von El Kahira erobert.

Tiflis, heute Hauptstadt Grusiniens und seit dem 4. Jahrhundert befestigt, hatte unter den Mongolen sowie den osmanisch-persischen Kriegen sehr zu leiden.

Kapitel 63

Vom Glauben der Armenier

Die Armenier glauben an die Heilige Dreifaltigkeit. Oft hörte ich ihre Priester, wenn sie zur Messe gingen und ich in der Kirche war, predigen, daß Sankt Bartholomäus und Sankt Thadäus, die zwei heiligen Boten, sie zum christlichen Glauben bekehrt hätten. Aber sie sind oft wieder abgefallen.

Es gab einen heiligen Mann, Gregorius, dessen Vetter der König von Armenien war. Das war zu der Zeit, als Sankt Sylvester Papst in Rom war. Der König von Armenien, der ein guter Christ gewesen war, starb, und sein Sohn Derthat[170] wurde sein Nachfolger. Er war sehr stark und hatte die Kraft von vierzig Ochsen. Was die zogen oder hoben, das schaffte er allein. Derselbe König hat, wie ich schon erzählte, die große Kirche zu Bethlehem gebaut. Als er aber König wurde, verfiel er wieder dem Heidentum und verachtete die Christen sehr. Er fing seinen Vetter Gregorius ein und verlangte von ihm, er solle seine Götzen anbeten. Dies wollte der selige Mann aber nicht tun, so daß der König ihn in eine Grube werfen ließ, in der Nattern, Schlangen und anderes böses Gewürm waren, die ihn fressen sollten. Sie taten ihm aber nichts zuleide. Er lag zwölf Jahre lang in der Grube. In der Zwischenzeit waren heilige Jungfrauen aus Frankreich gekommen, die den christlichen Glauben vor dem armenischen Glauben predigten. Als der König davon hörte, ließ er sie vor sich bringen. Eine unter ihnen namens Susanna war sehr schön; die hieß er in sein Gemach bringen, wo er sie zur Unkeuschheit zwingen wollte. Doch so stark er auch war, er konnte der Jungfrau nichts anhaben mit all seiner Kraft, denn Gott war mit ihr. Als man dem Gefangenen in der Grube die Geschichte erzählte, sagte er: »Das Schwein!« Im selben Augenblick fiel der König von seinem Stuhl, verwandelte sich in ein Schwein und lief in den Wald.

Dadurch kam große Verwirrung in das Land. Die

Großen des Landes berieten sich, holten Gregorius aus der Grube und baten ihn, dem König zu helfen. Er antwortete, daß er ihm nur helfen wolle, wenn sie mit ihm Christen würden. Die Landesherren versprachen ihm dies, auch im Namen des Königs. Da sprach Gregorius: »Reitet in den Wald und sucht ihn und bringt ihn hierher.« Sie taten, wie ihnen geheißen, fanden den König und brachten ihn vor Gregorius. Als er diesen sah, lief er zu ihm und küßte ihm die Füße. Gregorius kniete nieder und bat den Allmächtigen Gott, diesem Menschen seine Gnade zu erweisen und ihn wieder gesund zu machen. Der König wurde daraufhin wieder zu einem Menschen und bekehrte sich mit seinem ganzen Volk zum Christentum. Dann zog er nach Babylonien zu den Heiden, eroberte die Stadt und das ganze Land und bekehrte es auch zum christlichen Glauben, ebenso die drei Königreiche. Gregorius aber machte er zum höchsten Priester und Hüter der geistlichen Ordnung. So wurde der Glaube der Armenier von König Derthat und dem heiligen Manne Gregorius gesichert.

Sie gewannen den Heiden viel Land ab und bekehrten sie mit dem Schwert zum christlichen Glauben. Heute haben sie ihre Königreiche alle wieder verloren, sind aber noch kriegerische Leute. Es ist noch nicht lange her, daß sie ihr Königreich verloren haben und Sis dem Sultan gehört.

In der guten Hauptstadt dort sitzt auch ihr

Patriarch, der aber dem Sultan viel Zins zahlen muß. Der König von Zypern hat sich viele Männer aus Armenien an seinen Hof geholt, denn es liegt ganz in der Nähe.

Man erzählte Gregorius von dem großen Wunder, das Papst Sylvester an Konstantin vollbracht hatte, als dieser Kaiser von Rom war. Er hatte ihn von einer schweren Krankheit geheilt.

Es wurde berichtet, daß man alle Kinder zum Kaiser gebracht hatte, und daß dieser sie töten lassen wollte, weil seine Ärzte ihm gesagt hatten, er müsse sich im Blut der Kinder waschen, wenn er von seiner Krankheit geheilt werden wolle. Das hat der Papst durch ein Wunder verhindert.

Kapitel 64

Von Sankt Gregorius

Gregorius besann sich und sprach zum König: »Die Macht, die du mir gegeben hast, hat keine Kraft, außer ich erhielte sie vom Heiligen Vater Sylvester.« Er erzählte dem König von dem Wunder, das der Heilige Vater an Kaiser Konstantin vollbracht hatte. Der König sagte darauf, er wolle den Papst auch gerne sehen und mit ihm nach Rom ziehen. Er bereitete sich vor und versorgte sein Land. Vierzigtausend Mann, tapfere Ritter und Knechte, nahm er mit sich und außerdem viele Gaben und Edelsteine, womit er den Heiligen Vater Sylvester beehren wollte. Gregorius aber nahm die besten Gelehrten, die er um sich hatte, mit. Sie zogen von Babylon aus durch Persien, Großarmenien und viele andere Länder. Sie kamen durch die eiserne Pforte, die zwischen zwei Meeren liegt, und gelangten in die große Tatarei, nach Rußland, durch die Walachei nach Bulgarien, Ungarn, Friaul, in die Lombardei und die Toskana. So kamen sie trockenen Fußes nach Rom, da sie nicht über das Meer fuhren.

Als sie Rom schließlich erreichten, schickte ihnen Papst Sylvester alle Blinden, Lahmen und Kranken, die er fand, entgegen. Er wollte damit die Wunderkraft des Gregorius erproben. Als der König aber dieses Volk sah, wurde er zornig, denn er meinte, der Papst wolle sie verspotten. Gregorius aber sagte, er solle nicht zürnen, denn er wisse, was der Papst damit meine. Er hieß ihn Wasser bringen, kniete nieder und bat den Allmächtigen Gott, daß jeder, den er mit dem Wasser besprenge, gesund werden möge. Dann nahm er einen Schwamm, band ihn an einen Stab und besprengte die Leute. Wen er traf, der wurde gesund, und die Blinden wurden sehend. Papst Sylvester erfuhr davon, zog ihm mit seiner ganzen Priesterschaft und Bürgerschaft Roms entgegen und entbot ihm Würde und Ehre.

Die Reise von Babylon nach Rom hatte über Land ein ganzes Jahr gedauert. Gregorius bat den Papst, ihm Macht zu übertragen und seine Priester und sein Volk aus der römischen Gewalt zu entlassen, denn es sei so weit bis in die Heilige Stadt, daß er nicht oft zum Heiligen Stuhl reisen könne. Da gab ihm der Papst die Macht eines Patriarchen. Wer diese Gewalt wolle, der solle sie von nirgendwo anders als von Rom erhalten, und in drei Jahren solle er wieder Botschaft nach Rom senden. Das gelobte ihm Gregorius und sagte, daß alle, die seines Glaubens seien, Geistliche wie Weltliche, dem Heiligen Stuhl in Rom untertänig sein müßten. Wer dies nicht einhalte, solle in des Papstes Bann sein, sei er nun Bischof, Herr oder Knecht, ein Reicher oder ein Armer in seinem

Land. Dasselbe gelobte auch der König mit seiner ganzen Ritterschaft. Noch dreihundert Jahre nach Gregorius waren sie dem Heiligen Stuhl untertänig. Danach kamen sie nicht mehr zum Papst, sondern wählten selbst ihren Patriarchen. Den nennen sie Kathagenes[171] und den König Tachauer.

Kapitel 65

Von einem Lindwurm und einem Einhorn

Zu der Zeit gab es in einem Gebirge bei Rom einen Lindwurm und ein Einhorn, die den Menschen auf den Straßen großen Schaden zufügten. Niemand konnte Abhilfe schaffen. Da bat Papst Sylvester den König von Armenien, da er doch so ein starker Mann sei, in Gottes Namen zu versuchen, ob er nicht den Lindwurm und das Einhorn töten könne.

Der König zog ganz allein los, um zu erkunden, wo sie ihre Schlupfwinkel hätten. Er kam gerade dazu, wie sie sich gegenseitig bissen. Er schaute ihnen zu, bis der Lindwurm die Flucht ergriff. Das Einhorn jagte ihn aus einer Höhle im Felsen. Der Lindwurm drehte sich um und setzte sich gegen das Einhorn zur Wehr. Das Einhorn schlug mit der Zunge nach dem Lindwurm und wollte ihn herausziehen. Der faßte nach dem Einhorn, und beide zerrten aneinander, so sehr, daß das Einhorn den Wurm bis zum Hals aus der Höhle herauszog, aber keiner von beiden wollte loslassen. In diesem Augenblick trat der König hinzu und schlug dem Lindwurm den Kopf ab. Da das Einhorn aber so gezerrt hatte, stürzte es samt dem Kopf des Wurmes den

Felsen hinab. Der König sprang ihm nach und erschlug es ebenfalls. Dann kehrte er nach Rom zurück und befahl, die Köpfe zu holen; für den des Lindwurms war ein Wagen gerade ausreichend. So erlöste der König Derthat die Römer von den Untieren, und deshalb erwiesen sie ihm, ganz besonders aber der Heilige Vater, sehr große Ehren.

Gregorius ging danach zum Papst und bat ihn um die Glaubensartikel, die er auch bekam. Dann zogen sie wieder zurück in ihr Land, und Gregorius lehrte den christlichen Glauben, wie er ihn vom Papst empfangen hatte. Wie schon gesagt, halten sie sich aber nicht mehr daran, denn inzwischen wählen sie ihre Patriarchen selbst, und wenn sie einen wählen wollen, so sind zwölf Bischöfe und vier Erzbischöfe nötig. Die bestimmen einen zum Patriarchen. Von den Artikeln, die ihnen Gregorius von Rom mitgebracht hatte, haben sie viele verändert, und von der römischen Kirche sind sie inzwischen getrennt. Ihre Priester nehmen für das Sakrament Fladenbrot. Es wird auch immer nur von dem Priester hergestellt, der es für die Messe benötigt, und er bäckt nur eines davon. Während er es macht, lesen die anderen Priester Psalmen. Hat er keine Priester, so muß er die Psalmen selbst sagen. Sie behaupten auch, es sei eine große Sünde, wenn irgendein Mann oder eine Frau das Brot für das Heilige Sakrament backten, und daß es nicht recht sei, wenn man das Brot verkaufe wie anderes Brot. Sie wandeln das Heilige Sakrament mit Wein und nicht mit Wasser. Die, die die Messe haben wollen, stehen alle beisammen. Keiner darf die Wandlung vollziehen, bevor es nicht der Priester am Hauptaltar tut. So begehen alle miteinander die Wandlung.

Das Evangelium verlesen sie gegen Sonnenaufgang. Der Priester, der Messe hält, darf am gleichen Tag nach Mitternacht nicht mehr schlafen, und will er das Sakrament haben, so darf er drei Tage vorher und einen Tag danach nicht bei seiner Frau liegen. Sie lassen auch keinen Diakon oder Geweihten zum Altar, nur einen Priester. Kein Mann und auch keine Frau, die nicht gebeichtet haben, dürfen zur Messe. Es soll auch keine Frau in die Kirche gehen, die ihre Regel hat. Wer gegen einen anderen Haß oder Feindschaft hegt, muß vor der Kirche bleiben, man läßt ihn nicht hinein, bis der Streit entschieden ist. Männer und Frauen singen zusammen mit dem Priester, der die Messe hält, das Vaterunser und das Glaubensbekenntnis. Selbst den Kindern geben sie das Sakrament. Die Priester schneiden sich weder Haare noch Bart. Als Heiliges Öl nehmen sie Balsam, denn ihr Patriarch gibt dem Sultan viel Geld für den Balsam, den er dann in seinem Bistum verteilt.

Wenn einer Priester wird, muß er vierzig Tage und vierzig Nächte in der Kirche bleiben. Sind die vierzig Tage um, so singt er seine erste Messe, und man führt ihn mit Gesang in seinem Meßgewand hinaus. Dann kommen seine Frau und seine Kinder, knien vor ihm nieder, und er segnet sie. Danach kommen die Freunde des Priesters und seiner Frau und auch alle anderen, die eingeladen sind, und bringen ihre Opfer. Anschließend ist ein großes Fest, größer noch als die Hochzeit, als er seine Frau nahm. Sie dürfen aber so lange nicht beieinander liegen, bis er vierzig Tage nacheinander Messe gehalten hat. Dann erst läßt man sie zueinander.

Wenn ein Kind getauft wird, wird es nur von einem Mann gehalten und von keiner Frau. Sie sagen, unseren Herrn habe auch ein Mann getauft und es sei eine große Sünde, eine Frau zur Taufe mitzunehmen. Sie halten nämlich die Taufe in großen Ehren. Wenn sie ihrem Paten begegnen, knien sie sogar nieder. Bei ihnen gilt die Verwandtschaft durch Heirat bis in die vierte Generation. Sie gehen auch, was die Griechen z. B. nicht tun, gern in unsere Kirchen zur Messe. Ihrer Meinung nach besteht zwischen ihrem und unserem Glauben nur ein haarfeiner Unterschied, während sie vom griechischen Glauben ein großer Graben trennt.

Sie fasten mittwochs und freitags. Zu Advent fasten sie nicht, dafür zu Ostern fünfzig Tage, an denen sie nur Öl zu sich nehmen. Aber am Ostertag essen sie soviel sie wollen. Zum Fest des heiligen Gregorius fasten sie eine Woche lang. Sie haben auch einen Heiligen Aurencius, der Arzt war und für den sie auch eine Woche fasten. Im September, zum Tag des Heiligen Kreuzes, und für den großen Sankt Jakob fasten sie ebensolang. Für Unsere Liebe Frau fasten sie im August fünfzehn Tage und zu den Heiligen Drei Königen wieder eine Woche. Einer ihrer Heiligen, Terchis, ist Ritter gewesen. Ihn rufen sie an, wenn sie in Kämpfe verwickelt oder in anderen Nöten sind. Auch für ihn fasten sie eine Woche. Es gibt auch viele Ritter und Edelleute, die für ihn drei Tage lang weder essen noch trinken, da er ein großer Nothelfer ist.

Ihr Feiertag ist der Samstag. Am Osterabend nach der Vesper halten sie eine Messe, also zu der Zeit, in der vom Heiligen Grab in Jerusalem der Schein ausgeht. Mit uns gemeinsam haben sie nur Ostern, Pfingsten und Himmelfahrt, ansonsten haben sie ihre eigenen Festtage. Weihnachten ist bei ihnen an Epiphanias. An diesem Abend, nach der Vesperzeit, feiern sie eine Messe. Sie sagen, Christus sei genau dreißig Jahre nach seinem Geburtstag getauft worden. Deshalb feiern sie die Geburt und die Taufe Christi am selben Tag, nämlich am 6. Januar. Für die zwölf Apostel fasten sie eine Woche, feiern sie aber nur an einem Tag, einem Samstag. Sie beten das Ave Maria nur einmal im Jahr, und zwar am Tag der Verkündigung in der Fastenzeit.

Sie behandeln die Ehe nicht wie wir. Wenn sich zwei Eheleute nicht vertragen und einer will den anderen nicht mehr, so werden sie von Tisch und Bett getrennt. Wollen sie sich aber beide nicht mehr, so trennt man sie ganz voneinander, und jeder kann einen anderen Gemahl nehmen. Haben sie Kinder, dann gibt man diese dem Vater.

Ihre Kirchen sind alle frei. Damit später niemand erben noch etwas verkaufen kann, wenn ein Priester mit seinem eigenen Vermögen eine Kirche baut, muß er sie der Gemeinde schenken. So hat nach seinem Tod niemand einen Anspruch darauf. Anders lassen sie ihn nicht bauen. Auch ein Herr darf nur so bauen, daß später niemand Anspruch erhebt. Es war nämlich früher bei ihnen Sitte, daß die Erben eines Priesters oder Laien, der eine Kirche gestiftet hatte, diese wie seinen übrigen Besitz erbten. Sie konnten die Kirche gegen Zins vermieten oder verkaufen wie andere Güter auch. Das haben sie nun abgeschafft, denn sie sagen, ein Gotteshaus muß unabhängig sein.

Ihre Priester gehen jede Nacht zur Messe, was die griechischen Priester nicht tun. Viele ihrer reichen Leute lassen sich schon zu Lebzeiten besingen, denn sie sagen, es sei besser, es zünde einer sein Licht mit eigener Hand an, als daß dies ein anderer tue. Damit meinen sie, daß jemand, der seine Seele nicht schon zu Lebzeiten versorgt, von seinen Freunden wohl kaum versorgt wird. Die Freunde kümmern sich nur darum, ob sie Geld bekommen, und nicht um die Seele. Sie behaupten, es sei Gott genehm, wenn ein Mensch eigenhändig etwas für sein Seelenheil tue.

Stirbt ein armer Mann ohne Beichte oder zu Fronleichnam, kommt er dennoch auf den Kirchhof auf Grund seiner Einfalt. Man bestattet ihn auf dem Friedhof und setzt einen großen Stein auf sein Grab. Auf den Stein schreiben sie den Namen Gottes und den des Toten; dies soll zeigen, daß er wirklich tot ist. Stirbt ein Bischof oder Priester, so kleiden sie ihn, als ob er zur Messe ginge. Priester heben das Grab aus, tragen den Leichnam in die Kirche und setzen ihn auf einen Sessel; so wird er begraben. Am ersten Tag füllen sie das Grab nur bis zum Gürtel, dann gehen sie täglich zum Grab, singen und lesen Psalmen für ihn, und jeder Priester wirft eine Schaufel Erde auf ihn. Das machen sie täglich bis zum achten Tag, dann wird das Grab ganz geschlossen. Stirbt ein Jüngling oder eine Jungfrau, so kleidet man sie mit seidenen oder samtenen Kleidern, schmückt sie mit Ringen an Ohren und Fingern. So werden also junge, noch unverheiratete Leute beerdigt. Nimmt einer eine Jungfrau zum Weib und er bemerkt, daß sie nicht mehr unberührt ist, so schickt er sie dem Vater zurück und nimmt sie nur, wenn man ihr mehr als die zuvor vereinbarte Mitgift gibt.

In ihren Kirchen haben sie nur ein Kreuz und sagen, daß es Sünde sei, wenn man mehr als ein Kreuz unseres Herrn aufstelle. Sie haben auch keine Bilder auf dem Altar, und weder ihre Priester noch ihre Bischöfe erteilen die Absolution. Sie sagen, Gnade und Ablaß seien Sache des lebendigen Gottes, und wenn ein Mensch mit Reue und Andacht zur Kirche gehe, so gewähre ihm Gott in seiner Barmherzigkeit Gnade und Lossprechung von seinen Sünden. Hat ein Priester die Messe gefeiert, so erteilt er keinen allgemeinen Segen, sondern steigt vom Altar herab, und Männer und Frauen treten vor ihn hin, und er legt einem nach dem andern die Hand auf das Haupt und spricht: »Gott vergebe dir deine Sünden.«

Sie halten ihre stille Andacht laut, so daß es jedermann hört. Dabei beten sie für die, die ihnen anempfohlen sind, und für das, wofür sie bitten sollen: um geistliche und weltliche Ordnung der ganzen Christenheit, für den römischen Kaiser und die Herzöge, Freigrafen und Ritter, die ihm unterstehen. Während der Priester betet, kniet das Volk nieder und hebt die Hände gegen Gott und spricht gemeinsam: »Erbarme dich unser.« Solange der Priester betet, wiederholt es diese Worte immer wieder.

Sie stehen mit großer Andacht in ihren Kirchen, schauen nicht umher und sprechen auch nicht, während sie in der Messe sind. Sie schmücken ihre Kirchen sehr schön, und die Priester haben feine Gewänder aus Samt und Seide in verschiedenen Farben an. Kein Laie darf das Evangelium lesen, wie es unsere gelehrten Laien tun. Kommen diese an ein Buch, so lesen sie, was sie darin finden. Bei den Armeniern ist das nicht erlaubt. Würde bei ihnen einer das Evangelium lesen, so würde er vom Patriarchen gebannt. Sie sagen, das Evangelium dürfe nur ein Priester lesen.

Sie verbrennen Samstagnacht und jeden Feierabend Weihrauch. Sie haben aber nur den weißen Weihrauch, der in Arabien und Indien wächst. Priester und Laien essen wie die Heiden auf der Erde sitzend. Unter ihren Priestern gibt es nicht viele Prediger, da sie nicht jeden predigen lassen. Ein Prediger muß bei ihnen ein Gelehrter der Heiligen Schrift sein und braucht vom Patriarchen die Erlaubnis, predigen zu dürfen. Hat er diese Ermächtigung, so kann er sogar einen Bischof bestrafen. Diese Prediger heißen Wartaped, was soviel wie Legat heißt. Es gibt davon mehrere, die von einer Stadt zur andern ziehen und predigen. Begeht ein Priester oder ein Bischof einen Fehler, so bestrafen sie ihn. Sie sagen nämlich, ein Priester, der das Wort Gottes verkünde und es nicht richtig kenne und verstehe, der sündige.

Kapitel 66

Warum die Griechen und die Armenier Feinde sind

Die Griechen waren den Armeniern schon immer feindlich gesinnt. Wie es dazu kam, will ich so berichten, wie ich es von den Armeniern hörte.

Die Tataren waren mit vierzigtausend Mann in das Reich der Griechen eingefallen und hatten großen Schaden angerichtet. Als sie auch Konstantinopel belagerten, schickte der Kaiser eine Botschaft an den König von Armenien und bat um Hilfe. Er solle ihm die vierzig besten Ritter, die er in seinem Reich habe, schicken. Der König fragte, wieviele Feinde im Land seien, und der Bote antwortete, vierzigtausend. Da sagte der König: »Ich werde dem Kaiser vierzig Ritter schicken. Die sollen mit Gottes Hilfe die Heiden niederwerfen und sie mit Gewalt aus dem Lande jagen.« Als nun die Ritter nach Konstantinopel kamen, da berichtete der Bote dem Kaiser, was ihm aufgetragen worden war. Der Kaiser aber faßte die Nachricht als Hohn auf und meinte, der König von Armenien wolle ihn verspotten. Nach drei Tagen traten die armenischen Ritter vor den Kaiser und baten ihn um die Erlaubnis, gegen die Feinde zu kämpfen. Der fragte sie, was sie denn gegen vierzigtausend Mann ausrichten wollten. Sie aber baten nur, daß er sie ziehen lasse und daß man das Tor hinter ihnen schließe, da sie sich dem allmächtigen Gott anempfohlen hätten und mit seiner Hilfe für den christlichen Glauben kämpfen wollten. Deshalb seien sie hierher gekommen, auch um dafür zu sterben. Da gab der Kaiser die Erlaubnis, und sie zogen hinaus gegen die Feinde.

Elfhundert von ihnen töteten sie, und die Gefangenen brachten sie zum Stadttor. Der Kaiser wollte sie aber erst hereinlassen, wenn sie auch diese töteten. Da erschlugen sie alle Gefangenen vor dem Tor. Der Kaiser aber erschrak darüber und sorgte sich ihretwegen sehr, denn kaum hatte er etwas verlangt, ward es schon ausgeführt. So gingen die Ritter täglich mit den Feinden um und richteten jedes Mal großen Schaden an. Sie vertrieben in kurzer Zeit den Feind von der Stadt und jagten ihn mit Macht aus dem Land. Als die frommen Ritter die Tataren vertrieben hatten, traten sie vor den Kaiser und baten um die Erlaubnis, zu ihrem König heimziehen zu dürfen. Der Kaiser aber überlegte, wie er sie um ihr Leben bringen könnte. Er bat sie, noch drei Tage bei ihm zu bleiben, da er ihnen große Ehrungen zuteil werden lassen wolle. Er ließ ausrufen, wer drei Tage an des Kaisers Hof essen, trinken und wohlleben wolle, solle an den Hof kommen. Er gab jedem der Ritter eine eigene Herberge und schickte jedem eine keusche Jungfrau. Er wollte nämlich, daß die Ritter mit den Jungfrauen schliefen und ihren Samen zurückließen. Er hatte nämlich zu seinen Edlen gesagt, er werde die Frucht von den Bäumen nehmen und diese dann niedermachen, denn er meinte, wenn er die Ritter tötete, dann müßte ihm der König von Armenien untertan sein. Für die dritte Nacht befahl er, alle Ritter in ihren Herbergen zu töten. So geschah es auch, nur einer entkam. Den hatte die Jungfrau, die bei ihm war, gewarnt. Er gelangte zu seinem König und klagte ihm, daß alle seine Kameraden vom Kaiser erschlagen worden seien. Der König erschrak und klagte sehr um seine frommen Ritter. Dann schrieb er dem Kaiser, er habe ihm vierzig Ritter geschickt, die vierzigtausend Mann wert gewesen seien. Er solle wissen, daß er, der König von Armenien, kommen und für jeden der vierzig Ritter vierzigtausend Mann töten werde. Dann schickte er Boten zum Kalifen nach Babylon und bat ihn um Hilfe für einen Kriegszug gegen den griechischen Kaiser. Der Kalif kam selbst mit einer großen Streitmacht, um den König zu unterstützen. Mit vierhunderttausend Mann zogen sie zusammen gegen den Kaiser.

Als dieser davon hörte, zog er ihnen mit einem großen Heer entgegen und kämpfte mit ihnen. Der Kampf dauerte aber nicht lang, dann flüchtete er in die Stadt Konstantinopel. Der Kalif und der König zogen ihm nach bis ans Meer und lagerten gegenüber der Stadt. Der König bat den Kalifen, ihm alle Gefangenen zu überlassen, dafür sollte er die gesamte Beute erhalten. So geschah es. Der König stellte die Gefangenen gegenüber der Stadt auf und tötete zusammen vierzig mal vierzigtausend Männer. Der Meeresarm färbte sich dabei rot, denn er hatte geschworen, das Meer blutig zu färben. Als das vollbracht war, hatte er immer noch sehr viele Gefangene. Er tauschte nun je dreißig Griechen gegen eine Zwiebel. Das geschah zur Schmach, damit der König sagen konnte, er habe dreißig Griechen für eine Zwiebel verkauft.

Die Armenier sind, ob sie bei Christen oder bei Heiden wohnen, treue Leute. Sie sind auch geschickte Arbeiter. So sehr die Heiden für die Herstellung von goldenen, purpurnen, seidenen oder samtenen Tüchern gerühmt werden, genausoviel Lob muß man den Armeniern für die Scharlachweberei zubilligen.

Ihr habt nun von den Ländern, Städten und Gegenden vernommen, in denen ich bei den Heiden war. Ich habe die Kämpfe beschrieben, an denen ich teilgenommen habe, außerdem den heidnischen Glauben, wie ich ihn erfahren habe, und dazu viele wundersame Dinge, die mir dort zu Ohren gekommen sind. Nun will ich noch erzählen, wie und durch welche Länder ich heimgekehrt bin.

Kapitel 67

Durch welche Länder ich bei meiner Rückkehr aus der Heidenschaft gekommen bin

Als Zegra unterlegen war, wie ich ausführlich beschrieben habe, kam ich zu einem Herrn namens Manutsusch, einem Berater des Zegra. Der mußte aber weichen und zog sich nach Kaffa[172] zurück. Das ist eine mächtige Stadt, in der auch Christen, insgesamt aber Anhänger von sechs verschiedenen Religionen leben. Dort blieb er fünf Monate, dann fuhr er über einen Arm des Schwarzen Meeres und kam in das Land Zerchas[173], wo er sich ein halbes Jahr lang aufhielt. Als der türkische König davon erfuhr, sandte er Boten zum Herrscher von Zerchas und ließ ihn wissen, daß er ihm einen großen Dienst erweise, wenn er Manutsusch nicht in seinem Land beherberge. So zog Manutsusch weiter in das Land Migrelien.

Als wir dort ankamen, einigten wir fünf Christen uns darauf, daß wir versuchen wollten, aus dem Heidenland zu fliehen und in unsere Heimatländer zurück zu gelangen, denn von Migrelien waren es nicht mehr als drei Tagereisen bis ans Schwarze Meer. Bei einer günstigen Gelegenheit trennten wir

fünf uns von dem genannten Herren und entkamen in ein Land, dessen Hauptstadt Bothan[174] heißt und am Schwarzen Meer liegt. Wir baten darum, daß man uns mit dem Schiff übersetze, aber das wurde uns nicht gewährt. So verließen wir die Stadt und ritten an der Küste entlang. Wir kamen in ein Gebirge, und nach vier Tagen erreichten wir einen Berg. Von dort sahen wir eine Kogge auf dem Meer, etwa acht welsche Meilen von der Küste entfernt. Wir blieben bis zur Nacht auf dem Berg und entfachten dann ein Feuer. Als der Kapitän der Kogge das entdeckte, schickte er Leute auf einer Zülle[175], die herausfinden sollten, wer da auf dem Berg sei. Als die Leute sich näherten, machten wir uns bemerkbar. Sie fragten, wer wir seien. Wir antworteten: »Wir sind Christen, die gefangen wurden, als der ungarische König vor Nikopolis unterlag, und mit Gottes Hilfe sind wir bis hierher gelangt. Wenn wir über das Meer kommen, dann haben wir Hoffnung, doch noch zu unseren Familien und zu unserem christlichen Glauben zurückkehren zu können.« Sie wollten uns nicht glauben und fragten, ob wir das Vaterunser, das Ave Maria und das Glaubensbekenntnis hersagen könnten. Wir bejahten und sprachen die Gebete vor. Danach erkundigten sie sich, wieviele wir seien, und wir antworteten, fünf. Sie hießen uns zunächst auf dem Berg warten und fuhren zu ihrem Herrn zurück, um ihm unsere Worte zu berichten. Er befahl, daß man uns an Bord bringe, und so kamen sie mit der Zülle und schafften uns auf die Kogge.

Am dritten Tag auf dem Schiff begegneten uns Piraten mit drei Galeeren, die uns gern ausgeraubt hätten. Es waren Türken. Sie jagten uns drei Tage und zwei Nächte, konnten aber nichts gegen uns ausrichten. So erreichten wir Sankt Masicia[176], wo wir vier Tage lang blieben, bis die Türken endlich ihrer Wege zogen. Auch wir stachen bald darauf in See. Unser Ziel war Konstantinopel. Als wir so weit auf dem Meer draußen waren, daß wir nur noch Himmel und Wasser sahen, kam ein Sturm auf und trieb die Kogge etwa achthundert welsche Meilen zurück bis zu der Stadt Sinope. Dort lagen wir acht Tage und mußten dann den ganzen Weg zurückfahren. Wir waren anderthalb Monate auf dem Meer, ohne jemals Land zu sichten. Der Proviant ging aus, so daß wir weder zu essen noch zu trinken hatten. Von einem Fels im Meer, den wir passierten, sammelten wir Schnecken und Meerspinnen, wovon wir uns vier Tage lang ernährten. Wir fuhren einen weiteren Monat auf dem Meer, ehe wir nach Konstantinopel gelangten. Dort blieb ich dann mit meinen Kameraden. Die Kogge aber fuhr durch die Meerenge ins welsche Land.

Als wir durch das Tor in die Stadt hineingingen, fragte man uns, von wo wir kämen. Wir antworteten, wir seien bei den Heiden in Gefangenschaft gewesen, hätten aber flüchten können und wollten nun zu unseren Glaubensbrüdern zurück. Man führte uns vor den griechischen Kaiser[177], der von uns wissen wollte, wie wir in Gefangenschaft geraten waren. Wir berichteten alles von Anfang an. Als er die Geschichte vernommen hatte, beruhigte er uns und sagte, wir sollten uns nicht sorgen, er würde uns wohlbehalten nach Hause bringen. Er schickte uns zum Patriarchen, der auch seinen Sitz in der Stadt hat, und hieß uns dort auf seinen Bruder warten, der bei der Königin von Ungarn weilte. Ihm wolle er eine Galeere schicken, auf der wir in die Walachei gelangen sollten. So warteten wir drei Monate in Konstantinopel. Seine Stadtmauer hat eine Länge von achtzehn welschen Meilen und weist eintausendfünfhundert Tore auf. Die Stadt hat tausendundeine Kirche. Die Hauptkirche heißt Sankta Sophia und ist aus geglättetem Marmor gebaut und auch damit gepflastert. Kommt man zum ersten Mal in diese Kirche, so kommt es einem vor, als ob die Kirche voll Wasser sei, so klar ist der Marmor. Die ganze Kirche ist überwölbt und mit Blei bedeckt. Sie hat dreihundertundsechzig Türen, von denen hundert ganz aus Messing sind.

Nach drei Monaten schickte uns der griechische Kaiser auf einer Galeere zum Schloß Gily[178]. Dort mündet die Donau ins Schwarze Meer. Bei diesem Schloß trennte ich mich von meinen Gefährten und kam dann zu Kaufleuten. Mit ihnen zog ich in eine Stadt, die auf deutsch »Weiße Stadt«[179] heißt und in der Walachei liegt. Von da gelangte ich nach Asparseri[180] und dann nach Sedschoff[181], der Hauptstadt der kleinen Walachei. Danach ging es weiter in eine Stadt, die auf deutsch Limburg[182] heißt und die Hauptstadt von Klein-Weißrußland ist. Dort war ich drei Monate krank, bevor ich endlich nach Krakau, der Hauptstadt von Polen gelangte. Von dort ging es in Richtung Sachsen, nach Neichsen und nach Breslau, der Hauptstadt Schlesiens. Von da reiste ich weiter nach Eger, Regensburg und Landshut. Schließlich erreichte ich Freising, wo ich geboren wurde.

Mit der Hilfe Gottes bin ich endlich wieder nach Hause und zu meinem Glauben zurückgekehrt. Gott dem Allmächtigen und all denen, die mir dabei halfen, sei gedankt. Ich hatte schon geglaubt, daß ich den Heiden und ihrem schlechten Glauben nicht mehr entkommen könne und auch, daß ich nie wieder zur christlichen Gemeinschaft zurückkehren würde und für immer davon getrennt bliebe. Gott der Allmächtige aber hat mein großes Verlangen gesehen, das ich nach dem christlichen Glauben und seinen himmlischen Freuden hatte, und hat mich von den Sorgen um mein Verderben an Leib und Seele gnädiglich enthoben. Deshalb bitte ich alle, die dieses Buch gelesen haben oder lesen hörten, daß sie meiner gegen Gott gütlich gedenken, damit sie vor solch schwerer, unchristlicher Gefangenschaft allezeit verschont bleiben.[183]

AMEN

Anmerkungen

1 König Sigismund stammt aus dem Haus der Luxemburger. Sein Vater war Kaiser Karl IV. (1346–76). Er selbst wird 1387 König von Ungarn, 1410 Markgraf von Brandenburg und schließlich 1433 deutscher Kaiser. Er ist der letzte Luxemburger auf dem deutschen Kaiserthron, danach kommt die Krone an die Habsburger. Auf Drängen von Sigismund berief man auch das Konstanzer Konzil ein (1414–18), auf dem Johann Hus verbrannt wurde.
2 Eisernes Tor (auch: eiserne Pforte):
   – im engeren Sinne der östliche Ausgang des Donaudurchbruchs zwischen Südkarpaten und ostserbischem Gebirge, im weiteren Sinne das ganze 117 km lange Tal. Es machte eine Passage mit dem Schiff unmöglich.
   – Paß in Südwestrumänien.
   – Paß zwischen dem mittleren und östlichen Balkan.
3 Das heutige Widin, im 11. und 12. Jahrhundert bald Bdin, bald Bydinum geheißen.
4 Der Name Schiltau ist nicht mehr gebräuchlich, die Schlacht ist als die von Nikopolis bekannt.
5 Sohn Murads I. (1359–89), unter dessen Regierung die Osmanen ihre Herrschaft auf die Balkaninsel ausdehnten. 1362 wird Adrianopel Residenz. Bayazid I. (1389–1403) unterwirft Bulgarien und macht die Walachei tributpflichtig. Er unterliegt aber den Mongolen unter Timur (Tamerlan oder Tämerlin, wie Schiltberger ihn nennt).
6 Mirtsche, Wojwode der Walachei. Wojwode ist im Slawischen die Bezeichnung für einen Heerführer, später für

einen hohen Beamten. Im Polnischen waren damit ursprünglich ein Pfalzgraf, in Serbien hohe Hofbeamte oder lokale Potentaten gemeint. Die Wojwodschaft war auch ein Verwaltungsbezirk, ähnlich einer Grafschaft.
7 Herzog Johann von Burgund, 1419 von Anhängern des französischen Dauphin ermordet. Nach der Schlacht von Nikopolis wurde er gegen hohe Summen von König Sigismund und den Königen von Frankreich und Zypern wieder losgekauft.
8 Stefan Lazarevic (1389–1427), seit der Schlacht auf dem Amselfeld anerkannter Herrscher eines serbischen Teilfürstentums, war dem Sultan zu Tributzahlungen und Heeresfolge verpflichtet. Das serbische Reich Stefan Dusans (1351–55, seit 1355 Zar Stefan Uros IV.) war in Teilfürstentümer zerfallen, die nach der Schlacht an der Maritza 1371 und nach der Schlacht auf dem Amselfeld 1389 unter türkische Oberherrschaft gekommen waren.
Despot, griech. Herr, im Byzantinischen Reich zunächst Anrede für den Kaiser und für Familienmitglieder, im 12. Jh. für angeheiratete mutmaßliche Thronfolger, seit dem 13. Jh. Bezeichnung von Herrschern griechischer Teilstaaten. Daraus entwickelte sich der Begriff für den unumschränkten Gewaltherrscher.
9 Marschall Boucicault, einer der prominentesten Gefangenen, wurde durch Lösegeld freigekauft und brachte einen düsteren Bericht von der Lage, vor allem in Konstantinopel, mit nach Frankreich. Er erhielt darauf vom französischen König Karl VI. die Erlaubnis, mit 1200 Mann dorthin zurückzukehren. Er durchbrach die türkische Blokkade der Meerenge und gelangte nach Konstantinopel, wo er einige kleinere Siege über die Türken davontrug. Eine Wende brachte sein Einsatz nicht.
10 Hauptstadt der Provinz Adrianopel in der europäischen Türkei. Von Kaiser Hadrian (Hadrianopel) gegründet,

1361 von Murad I. erobert, von 1366–1403 Sitz der osmanischen Sultane.
11 Gallipoli, griech. Kallipolis = schöne Stadt.
12 Mitroviz an der Save.
13 Der Name Petau war nicht zu klären.
14 Brussa, auch Brusa oder Bursa oder Wursa geschrieben, liegt in Anatolien, etwa 30 km vom Marmarameer entfernt. Bedeutend durch zwei Moscheen: die von Mehemed I. (1402–1421) erbaute »Grüne Moschee« und die Ulu-Moschee Murads II. mit wichtigen Sultansgräbern.
15 Gemeint ist der Sultan von Ägypten. Er wird von Schiltberger stets »Künig Soldon«, d.h. König Sultan, tituliert. In einem späteren Kapitel gibt er eine genauere Beschreibung der Herrscher Ägyptens.
16 Freie Tataren im Gegensatz zu den tributpflichtigen Schwarztataren. Weiß bedeutet in den tatarischen Sprachen wie auch im Russischen ›frei‹.
17 Im weiteren Sinne das Hochland zwischen dem anatolischen und dem iranischen Hochland, zwischen Transkaukasien und dem Tiefland Mesopotamiens. Das westlich des Euphrat gelegene Kleinarmenien wurde von Pompeius als Klientelstaat geschaffen und von Vespasian in das römische Reich eingegliedert.
S. auch Anm. 18.
18 Die kleinasiatische Landschaft hat von Karaman, dem Sohn des Armeniers Sofr, ihren Namen erhalten. Sie umfaßt einen Teil des alten Kappadokien und Kilikien und wird auch, weil viele Großarmenier sich hierher flüchteten, unter dem sehr wandelbaren Begriff Kleinarmenien geführt. Ein Herrscher aus diesem Hause, Alladin, war mit der Schwester Bayazids verheiratet.
19 Das alte Ikonium.
20 Sebast, von den Türken Siwas genannt, heißt bei den Armeniern Sepasdia. Die hereinbrechenden Seldschuken

haben 1080 die Stadt und das Land den Armeniern abgenommen und es zu einem besonderen Fürstentum erhoben.

21 Mehemed I., seit 1403 Nachfolger Bayazids, zuerst nur Herrscher in Anatolien, nach 1413 auch in Rumänien.
22 Auch Samsun; das alte Amisos am Schwarzen Meer.
23 Symaid, nach Neumann wahrscheinlich ein Schreibfehler für Tsanika. Der Herr Samsons, den Bayazid vertrieb, hieß ebenfalls Bayazid, mit dem Beinamen »der Lahme«.
24 Sultan von Ägypten, zu dem damals Syrien und andere Länder bis zum Euphrat gehörten.
25 Das alte Melitene in der Nähe des Euphrat.
26 Das alte Ancyra und heutige Ankara.
27 Adalia oder Satalia, Hauptstadt Pamphyliens, liegt am Meer, Zypern gegenüber, wie im Text beschrieben.
28 Barquq war Begründer der zweiten Mameluckendynastie, der Burji-Linie (1382–1517). Er starb 1399. Nachfolger wurde sein noch unmündiger Sohn Faraj. 1405 kurzzeitig verdrängt, regierte er bis 1412. Er wird von Schiltberger fälschlicherweise Joseph genannt; wir behalten den Namen jedoch bei.
29 Timur (osttürk. »Eisen«), bei den Persern Timur-i läng (= Timur der Lahme) genannt. Daraus wurde Timurlenk, Tamerlan oder Tämerlin, wie Schiltberger ihn nennt. Sein Reich zerfiel unter seinen Nachfolgern, den Timuridenherrschern, wieder.
S. auch Einleitung.
30 Diese Zahlenangabe ist genauso wie alle anderen nicht unbedingt glaubhaft. In jener Zeit wurde mit Zahlen, je nach Sieg oder Niederlage, Propaganda betrieben. Außerdem kannte Schiltberger sie ja nur vom Hörensagen. Die Schreibweise dieser und weiterer Zahlenangaben, wie z. B. vierzehnhunderttausend, ist heute ungebräuchlich, wir würden sagen: eine Million vierhunderttausend. Das Wort

Million mit dem Zahlenwert 1000 × 1000 ist aber erst seit dem 17. Jh. gebräuchlich und war Schiltberger nicht bekannt. Um den sprachlichen Charakter seines Berichtes zu wahren, wurde die alte, flüssigere Form beibehalten.
31 S. Anm. 17.
32 Auch Ersingan, Arzendschan oder Erzerum. Dort gab es, wie aus morgenländischen Quellen bekannt ist, einen Herrscher Taharten.
33 Im Juli 1402.
34 Im März 1403.
35 Der Sultan von Ägypten wurde zu dieser Zeit als das geistliche Oberhaupt aller Mohammedaner angesehen.
36 Der Name bedeutet »Römerfestung«. Diese sowie die beiden als nächste genannten Städte Anthap und Behesna werden auch in der Geschichte der Kreuzzüge häufig erwähnt.
37 Ein Felsenkastell.
38 Das heutige Kairo. Schiltberger verwendet verschiedene Bezeichnungen, z. B. auch Al Cahira und Missir.
39 Mit dem neuen Babylon ist Bagdad gemeint.
40 Im Mittelalter wurde Indien in Klein-, Groß- und Mittelindien eingeteilt, Benennungen, die sich auch bei Marco Polo finden. Kleinindien reicht etwa von Chorasan bis zum Indus, Mittelindien bis zum Ganges, und Großindien war alles, was noch weiter im Osten lag.
41 Der Zug Timurs nach Indien und seine Grausamkeiten in Delhi sind beschrieben in »Neumann, Geschichte des Englischen Reiches in Asien«. I, 156 und in Selbstzeugnissen Timurs.
42 Sultania, nördlich von Kaswin. Der Bau dieser Stadt wurde vom Ilchan (d. h. dem mongolischen Gebieter Persiens) Argun begonnen und durch Chasan vollendet.
43 Die persische Provinz Massanderan war wegen der vielen Gebirge, Waldungen und Sümpfe schwer zugänglich.

44 Wahrscheinlich das heutige Isfahan.
45 Gemeint ist wahrscheinlich »Schahinschah«, Fürst der Fürsten, der Titel der persischen Könige.
46 Dieser Vorfall wird von mehreren östlichen Geschichtsschreibern bestätigt.
47 Samarkand.
48 Der Großfürst von Chataja oder, wie Schiltberger schreibt, von Chetey.
49 Vermutlich die Wüste Takla Makan im Tarim-Becken.
50 Im Februar 1405.
51 Schiltberger war seit der Niederlage Bayazids 1402 bei Timur, also nur drei Jahre lang.
52 Schah Rukh, zuerst nur Herrscher in Khurasan. Sein Sohn hieß Pir Muhammed.
53 Miranschah regierte im westlichen Persien und im Irak. Sein Reich wurde 1415 mit Schah Rukhs Gebiet vereinigt.
54 S. Anm. 52.
55 Qara Yusuf, Fürst der Turkmanen, war durch Tamerlan vertrieben worden und wollte nun seine Macht zurückgewinnen.
56 Der Bruder Yusufs hieß Misse Chodscha, aber wahrscheinlich handelt es sich um einen Irrtum Schiltbergers. Daß Dschehangir durch Misse Chodscha umgebracht wurde und dieser wiederum durch Miranschah scheint unbegründet.
57 Ahmed, der Landesfürst, von Schiltberger König von Babylon genannt, forderte von Qara Yusuf die Länder Aberheidschans zurück. Es kam zum Krieg, im Laufe dessen Ahmed gefangen und 1410 auf Befehl Qara Yusufs hingerichtet wurde.
58 Abu Bekher.
59 Große Tatarei: Gebiet zwischen dem Kaspischen Meer und der Mongolei, im Gegensatz zur Kleinen Tatarei, die das Gebiet der Goldenen Horde bezeichnet, also etwa die

Landschaft zwischen Schwarzem Meer, Wolga und Dnjepr, die im Norden von den russischen Fürstentümern begrenzt wurde.
60 Ebenso wie das später genannte Lochinschan unbekannt.
61 Schiltberger meint wohl die Seidenraupenzucht.
62 S. auch Anm. 3.
Eisernes Tor steht wohl auch für Schlagbaum oder verschlossenes Tor. Von den Türken wird es Timurcap, d. h. eiserne Pforte, genannt.
63 Astrachan; der erwähnte Fluß ist die Wolga.
64 Möglicherweise sind die christlichen Bulgaren oberhalb der Wolga gemeint.
65 Edigi oder Edegu. Es handelt sich um eine Art Hausmeier, der die Fürsten ein- und absetzte. Es ist nicht ganz klar, ob Schiltberger damit den Namen oder den Titel der Person meint.
66 Wahrscheinlich ist Sibirien gemeint, welches hier zum ersten Mal erwähnt wird. Etwa um 1450 findet sich der Name Sibirien auch in den russischen Annalen.
67 Auch Tschkre, möglicherweise ein gewisser Jabbar Berdi, der 1417 regierte und von Ulugh Muhammad vertrieben wurde.
S. auch Anm. 74 ff.
68 Der Beschreibung nach handelt es sich wohl um das Altai-Gebirge.
69 Bulgarien, d. h. das Land der Bulgaren an der Wolga.
70 Khan Shadi Beg, 1401–1407.
Die Regierungszeiten stimmen nicht immer mit Schiltbergers Angaben überein.
71 Pulad, 1407–1410.
72 Jalal-ad-Din, seit 1412 Herrscher. 1410 war Pulad schon von Temür abgelöst worden.
73 Kebek, seit 1414 Herrscher. Er ermordete sowohl Jalal-ad-Din als auch Karim Berdi.

74 Karim Berdi, 1412–1414.
75 Ulugh Muhammad, 1419 erstmals Herrscher, rivalisierte mit Dawlat Berdi und Baraq und gelangte 1427 erneut an die Macht.
76 Descht-Kiptschak, d. i. die Steppe des hohlen Baumes. Darunter verstand man das Land zwischen dem Terek und dem westlichen Ufer des Kaspischen Meeres. Es liegt also am nördlichen Rand des Kaukasus.
77 Baraq oder Borrak, 1422 Herrscher.
78 Dawlat Berdi, 1420–22.
79 1427–1433 zweite Regierung Ulugh Muhammads.
80 Agrich ist nicht genau zu bestimmen; Neumann gibt Ardschusch an. Bukuretsch ist das heutige Bukarest.
81 Wahrscheinlich Ismail.
82 Koggen oder Kocken, wie Schiltberger auch schreibt, sind ursprünglich Heringsfänger (um 1100), dann auch Kriegs- oder Handelsschiffe mit 150–250 Mann Besatzung.
Galeere: Ruderkriegsschiff mit einem Segel als Hilfsantrieb; die Besatzung besteht zum größten Teil aus Sträflingen oder Sklaven; von den Mittelmeermächten bis ins 18. Jh. verwendet.
83 Der südliche Teil von Siebenbürgen mit der Hauptstadt Kronstadt, heute Braschow.
84 Widin (s. auch Anm. 3).
85 Tirnowo.
86 Die alte bulgarische Seestadt Gallat nördlich von Warna. Dieses Bulgarien würde also in etwa das Gebiet der Dobrudscha umfassen.
87 Der heilige Demetrius. Die Legende vom öltriefenden Leib des Heiligen wird in mehreren Quellen berichtet. Demetrius wurde 306 n. Chr. getötet und zunächst besonders in Saloniki verehrt, seit den Kreuzzügen auch im Abendland.
88 Ephesus, türk. Aisulugh, daher wahrscheinlich Schiltbergers Schreibweise.

89 Aidin.
90 Smyrna, von den Türken Izmir genannt. Der heilige Nikolaus war Bischof von Myra in Lykien und wird seit dem 6. Jh. dort verehrt.
91 Magnesia.
92 Tonguslik. Serochon ist der Sandschak (Gau des osmanischen Reiches) Saruchan.
93 Es gibt heute eine türkische Stadt Adala, die sich an der Heerstraße von Smyrna nach Sart befindet. Sart ist das Sardes der Alten und das Saraten Schiltbergers.
94 Kutahieh in der Provinz Kermian, einem Teilfürstentum der Seldschuken.
95 Anguri oder Ancyra (Ankara) gehört zur Provinz Sultan Ogi, daher wohl der Name Siguri.
96 S. Anm. 18.
97 Der Derwisch Schmseddin, d. h. »Glaubenssonne«.
98 Kayseri, im Alterum Caesarea.
99 Basilius der Große, Kirchenlehrer und Metropolit von Caesarea, gestorben 379.
100 Der Distrikt Nasun am Schwarzen Meer.
101 Das Kaiserreich Trapezunt. Kureson ist wahrscheinlich Kerasus oder Kuresunt, das heutige Giresun.
102 Eine sehr alte, berühmte Stadt, bei Schiltberger mehrmals erwähnt. Bei den heidnischen Armeniern war sie hoch angesehen; ihre Tempel wurden von Gregorius, dem ersten Patriarchen Armeniens, zerstört. Sie stand östlich vom Euphrat, ungefähr da, wo der Kail-Fluß in diesen mündet. Zu Schiltbergers Zeit war ein gewisser Taharten im Besitz der Stadt, der sich und den Bestand seines Gebietes nur durch ein Bündnis mit Timur retten konnte.
103 Baibuth, türkisch Baiburt, ein sehr alter, befestigter Ort.
104 Karahissar.
105 Das Königreich Kurd ist nach Neumann möglicherweise das Gebiet Kurdistans.

106 Georgien.
107 Abchasien mit der Hauptstadt Kuch oder Suppu, heutiges Zentrum ist Suchumi. Die Abchasen, ein Volk im westlichen Kaukasus, überwiegend Sunniten, waren von 735 bis Ende des 14. Jh. unabhängig, kamen dann unter türkische Herrschaft.
108 Mingrelien. Kathon ist vielleicht die Stadt Chori in Mingrelien.
109 Möglicherweise Teheran.
110 Vermutlich Rajj.
111 Raschedi.
112 Nachitschewan.
113 Maragara ist Maracha, Gelat Chelat und Kirna wohl Chram, eine sehr alte Stadt am Südufer des Araxes.
114 Magu, eine Stadt im persischen Armenien, in der Provinz Ardaz.
115 Rescht.
116 Astrabad.
117 Das Schloß Alandschik.
118 Schirwan mit der Hauptstadt Schamachia.
119 Chorasan mit der Hauptstadt Herat.
120 Ormus oder Hormus.
121 Katsch, von den Engländern Cutch geschrieben. Man fährt von Ormus über Kischun nach Katsch und weiter nach Indien.
122 Vielleicht das wegen seiner Edelsteine berühmte Badakschan.
123 Bagdad.
124 Chaldäa.
125 Möglicherweise al Birsi Nimrod, »Kerker Nimrods«.
126 Nach Schiltbergers Angaben mißt die welsche Meile, wenn man ein Fuß zu 30 cm annimmt, ca. 1500 m, was etwa der römischen Meile (milia passuum = 1000 Doppelschritt) entspricht, wo man den Schritt üblicherweise zwischen

75–85 cm ansetzt. Die Unze entspräche etwa 3,5 cm, was dem Körpermaß gleichkommt. Ein Stadium ist in der Regel eine Länge von 180–190 m, bei Schiltberger als Viertelmeile allerdings ca. 350–360 m. Ein Leg würde etwa einer Strecke von 4,5 km entsprechen. Das Maß Kubicen ist nicht zu ermitteln. Den Maßangaben Schiltbergers ist wie seinen Zahlenangaben überhaupt mit Vorsicht zu begegnen.

127 Schat el Arab.
128 Im Türkischen heißt die Dattel Khurma.
129 Delhi. S. auch Anm. 40 zu Klein- und Großindien.
130 Der Beschreibung nach handelt es sich hier zweifellos um eine Giraffe.
131 Tschagatai.
132 Choresm mit der Hauptstadt Orgens oder Urgendsch. Edil ist »Fluß« auf türkisch; der gemeinte Fluß wird der Oxus oder Amu Darja sein, der aus dem Pamirgebirge kommt und in den Aralsee fließt.
133 Astrachan.
134 Bolgar an der Wolga.
135 Asow oder Tana an der Mündung des Dons, den Schiltberger Tena nennt.
136 Kiptschak, andere Bezeichnung für das Reich der Goldenen Horde. Die Stadt könnte Sudak auf der Krim sein.
137 Wahrscheinlich sind Welsche gemeint, d. h. genuesische Kaufleute, da Kaffa zu Genua gehörte.
  Eine andere Möglichkeit wäre, daß damit Leute aus der Walachei, also Bulgaren gemeint sind.
138 Cherson, heute Gebietshauptstadt der Ukrainischen Sowjetrepublik. See- und Flußhafen am rechten Dnjeprufer, ca. 25 km nördlich der Einmündung in den Laman.
139 Aqkerman.
140 Wie aus der Beschreibung der Sitten hervorgeht, sind die Tscherkessen gemeint (nach Neumann).

141 Kairo. Mit Arabia ist Ägypten bzw. das Reich der Mamelucken gemeint, das mehr als nur Ägypten umfaßte.
142 Hinweis auf die Mamelucken-Sultane, die ursprünglich als Sklaven nach Ägypten kamen. Arabisch mamluk = in Besitz genommen, Sklave. Nachträglich freigelassene Kaufsklaven vornehmlich tscherkessischer Herkunft. Sie leisteten unter den Aijubiden Kriegsdienst und übten später selbst die Herrschaft in Ägypten und Syrien aus. Nach der Eroberung Bagdads durch die Mongolen 1258 verlagerte sich der Schwerpunkt der islamischen Welt nach Ägypten, das auch weiterhin von den Mongolen verschont blieb.
143 S. Anm. 28.
144 Nach »Bosworth, Clifford: The Islamic Dynasties« ist die Reihenfolge der Mamelucken-Sultane in der Zeit von Schiltbergers Gefangenschaft folgende:
1390 Barquq (2. Herrschaft)
1399 Faraj (1. Herrschaft)
1412 al-Adil-al-Musta'in
1412 Shaykh (Mellekscheischarf)
145 Dieser Brief und auch die Titel sind Erfindungen, die die Armenier Schiltberger erzählten.
146 Saka ist eine in der Levante noch übliche Bezeichnung für Wasserträger und der Name der Kropfgans.
147 Türkisch Kurudiracht, d. h. der dürre Baum.
In Sirpe steckt das persisch-türkische Stammwort serv, d. h. Zypresse.
148 Kudssherif.
149 Ein sagenhafter König und Priester im »Osten«, der siegreich gegen die Perser und Meder gekämpft hat und angeblich Jerusalem befreien wollte. Diese Sage kam nach dem Sieg des Gürchan (daher Johann), eines Großfürsten der Kara-Kitai, 1141 im Abendland auf. Sein Reich suchte man in Innerasien, später in Innerafrika (Äthiopien).

Informationsscheck

Bitte lassen Sie mir regelmäßig Informationen über Ihr Verlagsprogramm zugehen.
Ich interessiere mich besonders für:

☐ die Reihe »Alte abenteuerliche Reise- und Entdeckungsberichte«

☐ »Abenteuer Seefahrt«

☐ die Reihe »Moderne Erzähler der Welt«

☐ die Reihe »Ländermonographien«

☐ die Reihe »Bibliothek arabischer Klassiker«

☐ die Reihe »Literarische Heimatbände«

☐ Gesamtverzeichnis

Absender/Beruf

☐ Schüler/Student		☐ Selbständige/r	
☐ Lehrer/Professor		☐ Beamter	
☐ Arzt		☐ Firma/Institut	
☐ Angestellter		☐ _____	
☐ Frau		☐ Herr	☐ Firma/Institut

Vorname/Name (wenn notwendig Vorname abgekürzt)

Straße/Hausnummer oder Postfach

PLZ/Ort

Land (nur wenn außerhalb der BR Deutschland)

Diese Karte entnahm ich dem Buch:

Wodurch wurden Sie zum Kauf des Buches veranlaßt?

☐ Name des Autors,
☐ Interesse an Titel und Thema,
☐ Empfehlung eines Bekannten,
☐ Buchhandlungs-Empfehlung,
☐ Schaufensterauslage,
☐ Katalog einer Buchhandlung,
☐ Zeitungsbesprechung, ☐ Anzeige des Verlags,
☐ Verlagsprospekt, ☐ Schutzumschlag.
☐ Ich erhielt das Buch geschenkt.

Hat Ihnen das Buch gefallen? ja ☐ nein ☐

Aus welchen Gründen?

Postkarten-Porto

Antwort

EDITION ERDMANN
in K. Thienemanns Verlag
Blumenstraße 36

D-7000 Stuttgart I

150 Es muß wohl Kidrontal heißen.
151 Ein Stadium, Längenmaß, entspricht 180–190 m. Länge einer Wettkampfbahn bei den antiken Olympischen Spielen.
152 Höchstwahrscheinlich verkürzt für Malabar, der ursprünglichen Heimat des Pfeffers.
153 Die syrischen Christen in Indien.
154 Ingwer.
155 Persisches Längenmaß.
156 Mullah.
157 Die Parsen, die Anhänger des Zoroaster, d. i. Zarathustra. Seine monotheistische Religion war von den Achaimeniden bis zur arabischen Eroberung 642 die persische Nationalreligion. Für den Gottesdienst ist der Feuerkult wesentlich.
158 Abu Beker.
159 Der Koran, früher oft Alkoran oder Al Koran genannt.
160 Die Osseten im Kaukasus werden in den russischen Chroniken Jassen genannt und As bei den Reisenden früherer Jahrhunderte.
161 Tscherkessen.
162 Abchasien.
163 Georgien oder Dscherdschi.
164 Mingrelien.
165 Galata.
166 Trapezunt.
167 Wohl ein Kopistenfehler für prosphora, das Abendmahlbrot der orthodoxen Griechen.
168 Eine Art Weizenbrot oder Kuchen; gequollener Weizen mit Korinthen und anderen Zutaten.
169 Njemtsch, die Stummen.
170 Derdad, Tiridates.
171 Kathagenes = Katholikos.
172 Kaffa, die Niederlassung der Genueser.
173 Tscherkeß. Mit dem Meeresarm kann die Meerenge zwi-

schen der Krim und dem Festland oder auch das Asowsche Meer gemeint sein.
174 Boti.
175 Kahn oder Nachen, also ein kleineres Boot.
176 Amasera oder Amastris.
177 Entweder Manuel II. Palaiologos (1391–1425) oder Johannes VIII. Palaiologos (1425–1448).
178 Kilia.
179 Al Kjerman, im Slawischen Bielogorod, zu deutsch Weissenburg, an der Mündung des Dniesters ins Schwarze Meer.
180 Wahrscheinlich das flußaufwärts gelegene Scheripeni.
181 Sudschawa, ehemals die Hauptstadt der Moldau.
182 Das heutige Lemberg, so genannt nach dem Erbauer Lev (Leo) I., um 1270 gegründet, erhielt es bald danach deutsches Recht, wurde 1349 endgültig von Kasimir dem Großen von Polen erobert.
183 Am Ende von Schiltbergers Reisebuch sind das armenische und das tatarische Vaterunser abgedruckt. Diese beiden Texte werden hier nicht wiedergegeben.

Zeittafel

1243 Die Mongolen unterwerfen die Seldschuken
1250–1517 Herrschaft der Mamelucken in Ägypten
1258 Eroberung Bagdads durch die Mongolen
1260 Sieg der Mamelucken über die Mongolen
1290–1324 Osman I. beginnt sein Reich aufzubauen
1324 Eroberung Bursas durch Orhan I., Sohn Osmans I.
1336 Tamerlan wird in der Nähe von Samarkand geboren
1339 In Europa beginnt der 100jährige Krieg zwischen Frankreich und England
1345 Erste osmanische Landung in Europa
1354 Ständiger osmanischer Stützpunkt in Gallipoli
1362 Eroberung Adrianopels
1366 Adrianopel wird Sitz der osmanischen Herrscher (bis 1453)
1370 Tamerlan beginnt seine Eroberungen
1378–1417 Großes Kirchenschisma in Europa
1380 *Vermutliches Geburtsjahr Schiltbergers*
1384 Schlacht auf dem Amselfeld bei Kossovo zwischen Türken und den vereinigten Balkanfürsten
1386 Mircea (s. Anm. 6) bis 1418 Herrscher der Walachei, bringt das Fürstentum zu seiner größten Blüte
1389–1402 Bayazid I.
1391 Tamerlan zum ersten Mal im Gebiet der Goldenen Horde (Südrußland)
1394 *Aufbruch des Kreuzfahrerheeres unter König Sigismund nach Konstantinopel*

1395	Tamerlan erobert Rußland und Persien
1396	*Schlacht bei Nikopolis*
	Gefangennahme Schiltbergers
1398	Tamerlan erobert Indien und plündert Delhi
1402	*Sieg Tamerlans über Bayazid I. bei Ankara*
	Bayazid gerät in Gefangenschaft
1402–1413	Bayazids Söhne kämpfen um die Herrschaft
1403	*Tod Bayazids in der Gefangenschaft*
1405	*Tod Tamerlans*
1410	König Sigismund von Ungarn wird deutscher König und damit ›erwählter römischer Kaiser‹
1413–1421	Mehemed I. osmanischer Herrscher
1414–1418	Konzil zu Konstanz
1415	Johann Hus wird als Ketzer verbrannt
1427	*Rückkehr Schiltbergers nach Bayern*
1433	Krönung König Sigismunds zum Kaiser
1453	Einnahme Konstantinopels durch die Türken

Literaturverzeichnis

Schiltberger, Johann: Eine wunderbarliche und kurtzweylige History. Frankfurt 1554
Reisen des Johannes Schiltberger aus München in Europa, Asia und Afrika von 1394 bis 1427. Hrsg. Friedrich Neumann, München 1859
Hans Schiltbergers Reisebuch. Faksimile-Druck der Ausgabe Augsburg 1477. Hrsg. Elisabeth Geck

Bosworth, Clifford (Ed.): The Islamic Dynasties. A Chronological and Genealogical Handbook. Edinburgh 1967
Cahen, Claude (Hrsg.): Der Islam I. Fischer Weltgeschichte Bd. 14
Großer Historischer Weltatlas Teil 2. München ²1979
Hambly, Gavin: Zentralasien. Fischer Weltgeschichte Bd. 16
Hammer-Purgstall, Joseph von: Geschichte der Goldenen Horde
Hammer-Purgstall, Joseph von: Geschichte des Osmanischen Reiches Bd. I/1
Kundig-Steiner, Werner (Hrsg.): Die Türkei. Tübingen 1974
Lexer, Matthias: Handwörterbuch des Mittelhochdeutschen
Maier, Franz Georg: Byzanz. Fischer Weltgeschichte Bd. 13
Schreiber, Hermann (Hrsg.): Weltreiche Bd. 2. Braunschweig 1980
Schreiber, Hermann (Hrsg.): Weltreiche Bd. 4. Braunschweig 1980

Bildnachweis

Die in diesem Band wiedergegebenen Holzschnitte sind teils den Originalausgaben des Schiltbergerschen Reiseberichts, so der Augsburger Ausgabe 1477 und der Frankfurter Ausgabe 1554, teils der Reisebeschreibung Jean de Mandevilles, Straßburger Ausgabe 1499, und der Bernhard von Breydenbachs, Ausgabe 1486, entnommen. Für die beiden Miniaturen lieferten zeitgenössische Chroniken die Vorlagen.

Die Karte, die alle im Schiltbergerschen Reisebericht angeführten Orte und Herrschaftsgebiete enthält, ist vom Herausgeber neu erstellt und gekennzeichnet worden.

Der einzige authentische
Bericht dieser Epoche

Helmuth von Moltke
Unter dem Halbmond
Erlebnisse in der alten Türkei
Hrsg. von Helmut Arndt
408 Seiten mit zahlreichen
zeitgenössischen Darstellungen

Die *Briefe aus der Türkei* des späteren Generalfeldmarschalls Helmuth von Moltke sind ein einzigartiges Dokument aus der letzten Zeit des großen Osmanischen Reiches. Moltkes Aufzeichnungen über seine Reisen und kriegerischen Erlebnisse im Vorderen Orient faszinieren nicht allein durch ihren hohen literarischen Rang, sondern bilden darüber hinaus die einzige authentische zeitgenössische Darstellung dieser Epoche.

Edition Erdmann
IN K. THIENEMANNS VERLAG

Verbotener Blick in die
asiatisch-islamische Welt

Vambery gelang es, in den für den Europäer
unzugänglichen asiatisch-islamischen Kulturraum unter
größten Strapazen und Gefahren einzudringen.
Er war einer der ersten, der Europa mit dieser
geheimnisvollen Welt vertraut machte und anschaulich
darüber zu berichten wußte. Dieser bemerkenswerte
Reisebericht wurde zum weltbekannten Bestseller und
ist bis heute von brennender Aktualität geblieben.

Hermann Vambery
Mohammed in Asien
Verbotene Reise nach Buchara
und Samarkand 1863-1864
352 Seiten mit zahlreichen
zeitgenössischen Illustrationen

Edition Erdmann
IN K. THIENEMANNS VERLAG

Map labels

- Donau
- Königreich Ungarn
- Eisernes Tor
- Belgrad
- Hermannstadt
- Kronstadt
- Dnjepr
- Aqkerman
- Kilia
- Cherson
- Reich der Goldenen Horde
- Wolga
- Bu[...]
- Astrachan
- Serbien
- Widin
- Walachei
- Nikopolis
- Tirnow
- Bulgarien
- Warna
- Don
- Asow
- Krim
- Kaffa
- Sudak
- Sarai
- Astrachan
- Adrianopel
- Konstantinopel
- Schwarzes Meer
- Tscherkessen
- Gallipoli
- Boti
- Bursa
- Amastris
- Ephesus
- Amasia
- Samsun
- Trapezunt
- Georgien
- Kaspisches Meer
- Angora
- Trapezunt
- Tiflis
- Osmanisches Reich
- Konia
- Kayseri
- Sebast
- Ersingen
- Karaman
- Malatia
- Karanda
- Kleinarmenien
- Armenien
- Adalia
- Edessa
- Mittelmeer
- Aleppo
- Mesopotamien
- Sultania
- Alexandria
- Damaskus
- O R[...]
- Syrien
- Jerusalem
- Bagdad
- P[...]
- Kairo
- Isfa[...]
- Ägypten
- Nil
- Euphrat
- Tigris
- Arabien
- Rotes Meer